Be Patriotic

爱国，“双十”百年主旋律

——福建省厦门双十中学（私立时期）口述史

林嘉禾 / 口述

《爱国，“双十”百年主旋律》编写组 / 编

厦门大学出版社 XIAMEN UNIVERSITY PRESS 国家一级出版社 全国百佳图书出版单位

图书在版编目(CIP)数据

爱国,"双十"百年主旋律:福建省厦门双十中学(私立时期)口述史/林嘉禾口述;《爱国,"双十"百年主旋律》编写组编.—厦门:厦门大学出版社,2020.6(2022.1重印)

ISBN 978-7-5615-7755-4

Ⅰ.①爱… Ⅱ.①林…②爱… Ⅲ.①厦门双十中学—校史 Ⅳ.①G639.285.73

中国版本图书馆 CIP 数据核字(2020)第 039669 号

出 版 人 郑文礼
责任编辑 王鹭鹏

出版发行 厦门大学出版社
社　　址 厦门市软件园二期望海路 39 号
邮政编码 361008
总　　机 0592-2181111　0592-2181406(传真)
营销中心 0592-2184458　0592-2181365
网　　址 http://www.xmupress.com
邮　　箱 xmup@xmupress.com
印　　刷 厦门集大印刷有限公司

开本 720 mm×1 000 mm　1/16
印张 13
插页 6
字数 180 千字
版次 2020 年 6 月第 1 版
印次 2022 年 1 月第 2 次印刷
定价 50.00 元

厦门大学出版社
微信二维码

厦门大学出版社
微博二维码

林嘉禾老校友荣获“庆祝中华人民共和国成立七十周年纪念章”

二〇一九年一月九日，本书编写组采访林嘉禾学长

二〇一九年三月四日，本书编写组采访林嘉禾学长

二〇一九年四月廿三日，本书编写组采访林嘉禾学长

二〇一九年五月七日，本书编写组到访平和县政协、档案馆、党史办搜集内迁时期的母校资料

本书编写组寻找内迁时期双十师生的抗日爱国事迹

本书编写组探望内迁平和时期的抗战老校友

双十中学复高一届入学五十周年聚会留影

双十中学复高一届毕业五十周年聚会与老校长吴厚沂夫妇（前左四、五）王毓泉校长（前左六）合影

林嘉禾与老同学老战友相聚于母校八十周年校庆

双十中学老校长吴厚沂伉俪游美国旧金山湾区在叶晨晖公司前与叶晨晖、叶晨曦昆仲合影

马美德、马美丽瞻仰父亲塑像

马侨儒嫡孙马思建瞻仰祖父塑像

口述人　林嘉禾

回眸百年，珍爱我们尊敬的师长！
心香一束，献给我们亲爱的母校！

爱国就是双十母校的灵魂，是我们共同永矢弗谖的誓约，是联结我们海内外同学最强韧的纽带。60年来是这样，再60年还是这样。愿和同学们共勉之！

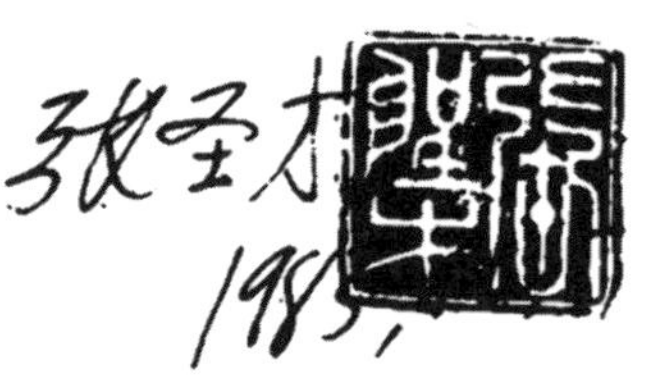

序

厦门双十中学是百年名校，其新中国成立后七十年里的情况，人们比较了解，其新中国成立前三十年的情况，知之者甚少。如今，《爱国，“双十”百年主旋律》一书出版，收录了林嘉禾校友口述的相关材料，揭示了许多历史事实。

作为校友，先睹为快，此书的特色，可归纳成几句话：图文并茂，史论结合，线索清晰，主题突出，见微知著，引人入胜。

本书的口述部分采录了两个话题，其一，学校创办历程，其二，学校传承的爱国主义基因。

在双十中学创办历程的叙述中，林嘉禾校友突出四个人物——马侨儒、林珠光、黄其华、张圣才。马侨儒受孙中山先生的影响极大，又以陈嘉庚先生为榜样，爱国爱乡重视教育，办学时得到华侨及诸多有识之士的大力支持。黄其华、张圣才受陶行知先生的影响极大，也以陈嘉庚先生为榜样，其办学艰苦奋斗，尽心尽力。

双十中学的师生校友，继承辛亥革命的光荣传统，其言行始终贯穿着爱国主义红线，出现不少感人的人和事。不少校友参加共产党地下组织，从事抗日斗争和人民解放战争，不怕牺牲，与敌人搏斗，胜利后又在各条战线上奋斗，取得各种成就。其口述材料还披露了不少校友的事迹，例如久居美国的校友叶晨晖、叶

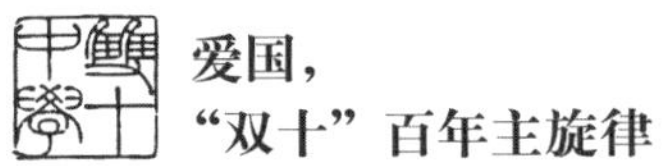

晨曦兄弟，一九八六年在厦门创办美国通用电脑公司厦门分公司，推广普及电脑知识，帮助家乡提高激光照排印刷技术水平与通用技术水平。

从下篇的专稿得知，陶行知的教育思想为双十中学的办学指明了方向。黄其华先生将陶行知教育思想归纳为三个统一：生活与教育统一，社会与学校统一，教、学、做统一。最后一个统一，是教育方法的灵魂。黄其华先生在双十中学服务长达三十二年，他与副校长张圣才一道，整顿校务，扩充设备，招募教师，创行“生活指导制”的教学教育方法，使教、学、做统一；始终秉承创办人马侨儒先生制定的“勤毅信诚”校训，使师生们奋斗有目标、做事有规则，教育教学质量大大提高，奠定了日后成为名校的坚实基础。

当然，如果能增加对校训、校歌的阐释，对名师、名校友的介绍就更佳。例如详细介绍名师陈梦韶、郑朝宗、韩国磐、贺仲禹、潘思岳、萨兆琛等，名校友李焕之、马寒冰、洛汀、李景昀、杨民望、韩振东等。

尊敬的老师们，亲爱的同学们，热心的校友们，让我们携起手来，同心同德，把爱国主义的主旋律唱响海内外！

彭一万

二〇一九年八月二十二日于鹭江天风阁

目 录

上篇 私立时期的双十及其爱国主义

下篇 专稿

附　录

后　记

上篇
私立时期的双十及其爱国主义

按，口述人林嘉禾校友为双十中学一九四八届（复员高中第一届）校友。厦门市台湾事务办公室原党支部书记。

首先我做个自我介绍。

我是林嘉禾，一九四六年夏天考入双十中学高二（上）插班，一九四八年夏天毕业，当时叫作“厦门私立双十中学复员高中第一届毕业生”，我们全班总共有三十位同学。

解放后，我因为成为黄其华先生的女婿，所以有机会经常接触黄其华先生夫妇和马侨儒先生的夫人，我和他们相处了相当长的一段时间。

厦门私立双十中学复员高中第一组甲班全体留影

校歌

廈門私立雙十中學

復員高中第一組

通訊錄

通訊股製

三十七年五月二十日

姓名	職別	通訊處
[illegible]	本組導師	見前
	國文教師	
張[illegible]	物理教師	見前
黃[illegible]	數學教師	見前
[illegible]	數學教師	本校
陳國[illegible]	化學教師	廈門[illegible]二十五號
石本[illegible]	英文教師	廈門[illegible]街三十九號
劉[illegible]	地理教師	本校
韓國[illegible]	歷史教師	廈門大學
張[illegible]	音樂教師	廈門大同路一一四號
[illegible]	體育教師	見前
陳[illegible]	教師	本校
[illegible]	教師	廈門[illegible]一號
林[illegible]	教師	廈門同文路十四號
[illegible]	教師	廈門[illegible]山路十一號
黃[illegible]	教師	廈門[illegible]三十一號
[illegible]	教師	廈門同文路十二號
[illegible]	教師	漳平[illegible]民藥房
張[illegible]	教師	本校
周[illegible]	教師	廈門公園西路七號
呂[illegible]	教師	本校

（二）

姓名	通訊處	永久通訊處
[illegible]	本市開禾路一二五號	仝左
[illegible]	本市[illegible]六二號	[illegible]
馬[illegible]	本市中山路二四二號	[illegible]
馬[illegible]	本市中山路二四二號	[illegible]
[illegible]	本市[illegible]路三十五號	仝左
[illegible]	本市[illegible]路三十一號	仝左
[illegible]	[illegible]	仝左
[illegible]	[illegible]	仝左
[illegible]	本市[illegible]山路三十七號	仝左
[illegible]	本市[illegible]六十六號	[illegible]
[illegible]	[illegible]八十三號	[illegible]北門[illegible]
[illegible]	本市思明西路七五號	仝左
黃三[illegible]	本市同文路九號	[illegible]
黃[illegible]	本市雙十路十二號	仝左
[illegible]	本市雙十路十二號	仝左
[illegible]	[illegible]中山路94號	仝左
[illegible]	本市[illegible]一〇二號	[illegible]
[illegible]	本市古城東路十號	
[illegible]	[illegible]	[illegible]
[illegible]	[illegible]	仝左
[illegible]	[illegible]中[illegible]路十一號	[illegible]

（五）

厦门私立双十中学复员高中第一组甲班师生通信录一

—教職員通訊處—

姓名	職務	通訊處
黃兆華	董事長	廈門雙十路
馬僑儒	校長	本校
張雅金	教務主任	廈門前關宮石照巷六號
黃樹勳	訓導主任	鼓浪嶼安海路三五號二樓
饒兆璋	事務主任	本校
楊鵬賢	體衛主任	廈門通奉第一橫巷三十號
林傳鴻	會計主任	本校
林 [illegible]	秘書	福州下杭路一四八號
[illegible]	軍訓教官	廈門海軍醫院 翁志棉
陳志賢	童軍教練	廈門思明北路二十一號
[illegible]知義	教學組長	廈門思明南路三六四號
[illegible]英蘭	註冊組長	本校
方[illegible]	出版組長	廈門公園西路七號
[illegible]	庶務組長	本校
[illegible]	訓導幹事	鼓浪嶼安海路三五號二樓
[illegible]	文書幹事	本校
[illegible]	圖書管理員	本校
[illegible]	校醫	廈門中山路四十號
[illegible]	校醫	鼓浪嶼復興路十號

（一）

鄭木昆	漳州廈門路三五四號	仝左
葉達青	本市妙香路七號	
鄭明智	本市新路街65號樓	永春東門外田中安森單莊
鄭宜生	鼓浪嶼安海路二八號	仝左
鄭慕華	鼓浪嶼安海路二八號	仝左
賴慶平	莆田涵江地方法院	仝左
蔡孟瑞	本市永福宮十二號	
劉德南	石碼西湖路一九六號	仝左
潘淑慈	本市大中路十五號	仝左
蔡志抄	本市西濱社六十號	仝左
蔡約翰	本市思明東路八三號	廈門西濱社六十號
蔡師雄	本市大同路二四八號	仝左
蔡師聖	本市大同路二四八號	仝左
蔡清新	安溪魁斗	仝左
蕭樹德	本市壽山路十一號	
歐陽旭	本市四仙街七號	仝左

通訊處如有變更，請函通知本股，以便聯絡

—馬玉寧，王以林—

（六）

何滄宣	教師	廈門大中街[illegible]二十二號
林遠鵬	教師	廈門虎頭山十六號
[illegible]少甫	教師	惠安涌街下大厝
黃振富	教師	廈門香港街四十八號
許坤元	教師	廈門人和路三十六號
郭[illegible]	教師	廈門雙十路十二號
[illegible]英成	教師	本校
[illegible]	教師	本校
林鐵貞	教師	廈門大學
張[illegible]	教師	本校
何亦芬	教師	鼓浪嶼新路五十九號三樓
王 毓	教師	廈門大學
胡家玲	教師	本校
林 [illegible]	教師	本校

—同學通訊處—

姓名	現在通訊處	永久通訊處
[illegible]子[illegible]	本市新路街六十五號	南安詩山后坑場
王以林	本市永福宮巷十二號	
王邦[illegible]	本市上古街十八號	安海水頭下房
方高成	本市古城東路十三號	廈門溪岸街十四號
方應生	本市大同路三〇一號三樓	仝左

（三）

江友實	本市中山路二三二號公興行林裕開轉	緬甸仰光蘭卡斯路十八號
江必[illegible]	本市信義里十號	[illegible]門路三三三號[illegible]
李玉潔	本市後江埭二十六號	仝左
李志成	本市公園東路二六號	大吡叻城大港街三十八號
[illegible]永清	本市鎮竹路三十四號	仝左
何吉利	本市碧東山二號	浙江瑞安建國東路90號
何秀錦	本市虎頭山新區十號	仝左
沈忠英	本市中山路232公興行	惠安西街西津樓
吳[illegible]南	本市中華路七九號轉	集美[illegible]口[illegible]二樓
吳福成	本市通奉第三十號	安海水頭街[illegible]號
吳洪[illegible]	本市復興路九號二樓	廈門古宮路三號
林大[illegible]	本市打石市街四二號	仰光中山路202號[illegible]
林光潔	本市中山路三一三號	仝左
林志欣	紀[illegible]南門美可	
林振時	本市打石市街四二號	仝左
林[illegible]和	本市米山江頭街	仝左
林[illegible]良	集美後溪	仝左
周宗[illegible]	惠安仁世醫院	仝左
鄧祖恩	本校	上海長寧路十五號
胡[illegible]	本市頂[illegible]仔三十九號	

（四）

厦门私立双十中学复员高中第一组甲班师生通信录二

一九五二年年底，我随黄其华先生到福州办工厂，当时正好张圣才先生奉调到福州的福建省博物馆筹备处工作。因为张圣才先生是独自一人在福州，所以下午下班后就几乎都到黄其华家里来用晚餐，有时在等开饭的时候，大家就聊天，有时边吃饭边聊天。之后，每次黄其华先生都让我送张圣才先生回到他在福州鼓楼的住处。到了那里时间大约八九点钟。张圣才先生总是叫我坐坐泡茶聊聊天。从一九五二年到一九五四年几年间都是这样，也因此我了解到了当年有关双十中学的许多事情。特别是马侨儒先生创办双十学校的经过。后来，我又多方查找，参考了一些资料，下面就根据我所知道的，尽量把这些事情介绍出来。

质量高

关于厦门私立双十中学的创办

要谈双十商业学校及双十中学私立阶段的历史，不能不提及四位先贤，他们是马侨儒、林珠光、黄其华、张圣才。现分别介绍如下。

一、我知道的马侨儒先生其人其事

首先介绍我所知道的马侨儒先生创办双十学校的经过。

（一）马侨儒先生是这样来创办“双十”的

双十学校创办人马侨儒先生是惠安人，厦门廻澜书院毕业。他非常热心社会公益事业，为人热情，乐于助人，广交朋友。他是孙中山先生的忠实信徒，受孙中山先生的影响很深，认定国家兴亡匹夫有责，个人应该承担责任。他抱有教育救国的志愿，决心走教育救国的道路。在他当养元小学教员的时候，他看到厦门是一个通商口岸，商业很发达，

双十中学创办人、首任校长马侨儒

可是本国的商业人才却很缺乏，亟需培养我们自己的商业人才。要培养人才就需要办教育，于是，他因地制宜，从实际出发，决定办商业学校。

我在庄克昌先生的一篇《感旧录》里看到他写到这个事。庄克昌先生是马侨儒先生的学生，当年是马侨儒先生带他去养元小学读书的。庄先生说，当时马侨儒先生就一直在酝酿办学的事，花了大量的时间和精力，不断地进行宣传鼓动，做了长时间的前期准备。终于获得六七位商界人士蔡鹤友、白嘉祥、林昭荣、余金隆、杨辉煌等的捐助支持，再加上马侨儒先生的夫人龚恩惠女士还拿出自己的随嫁妆资，参与集资，全力支持丈夫办学的壮举，总共筹到千余元资金作为学校开办费用。就用这么一点点资金租

二十世纪三十年代的学校大楼

二十世纪三十年代的学校全景

赁了霞溪路一座小民房作为临时校舍，一九二〇年（民国九年）“双十乙种商业学校”就这么正式开办起来了。当时叫作“乙种商业学校，因为规模很小，只设两个初级班和一个高级班，学生大约六十人”。马侨儒先生自任校长，其他捐资人一起组成最早的校董会。

学校以“双十”命名，就是为了纪念辛亥革命。这就体现了马侨儒先生作为孙中山先生忠实的信徒，继承和发扬孙中山先生推翻帝制、振兴中华的辛亥革命精神，这体现了马侨儒先生爱国爱乡的拳拳赤子心。

（二）林珠光先生脱险，感恩注资襄助“双十”

双十乙种商业学校开办前不久，在厦门曾经发生过一件很轰

二十世纪三十年代的学校大门

二十世纪三十年代的教职员宿舍

动的事。一九二〇年春，老家在厦门前埔村的菲律宾华侨首富林云梯先生的公子、马尼拉云梯实业公司总经理林珠光先生从菲律宾回厦门前埔来娶亲。由于当年厦门公路尚未建设，从厦门码头上岸要到前埔去就只得骑马。林公子骑着马走到豆仔尾（今厦禾路豆仔尾一带）的时候，竟然遭人绑架。当时豆仔尾地处筼筜港海边，绑匪绑架了林公子后就用小船把他载到海上一个小岛上，每天美女美酒歌舞伺候着，等着事主来赎回。在家里等着林珠光回来娶亲的人急坏了，利用公司在厦门的办事处，四处找人打听却杳无消息，于是就在当时的报纸上刊登悬赏告示，标明如有人能救回林珠光，活的赏银多少，死的赏银多少。可是，还是没消息。后来，马侨儒先生通过他平时建立的广泛关系多方奔走，终于把林珠光先生毫发无损地解救出来了。林珠光脱险后当即迅速返回菲律宾，并邀请马侨儒先生前往菲律宾。

林珠光先生在菲律宾生意做得很大，据说马尼拉有一整条街的生意都是他的。为了兑现之前悬赏的承诺，林珠光先生要给马侨儒先生一笔酬金，但马先生坚拒不收。马先生说，如果收了这笔酬金，那他不是会被误认为是与绑匪合谋绑票，与绑匪无异了吗？马侨儒先生用很多时间开导林珠光先生说，古代很多有钱人捐钱铺路架桥，他们的善举得到人民的好评与纪念。当前帝国主义列强正欲瓜分中国，国家危矣，国人危矣！当务之急，就是唤醒民众，提高其文化与觉悟，共同奋斗才能救中国；而要达此目的，根本的办法就是兴办教育。他说他抱有教育救国的志愿，决心走教育救国的道路。这一主张最终得到林珠光先生的认同。林珠光先生说自己是做生意的人，虽然不怎么懂得搞教育，但愿意支持马先生办教育。

（三）办“双十”，建“云梯”，马侨儒、林珠光联袂兴学

次年，即一九二一年，林珠光先生又一次回厦门。这一次他带了十几万元，要办两件事。其一，就是拿出八千元捐献给双十商业学校，购地建校舍，解决当时租房办学的种种不便；其二，全权委托马侨儒先生帮他创办前埔云梯中小学校。

有了林珠光先生捐的八千元，再加上另一位马来亚华侨（刘育才先生）捐出一千元，还有其他几位新旧校董（石鼎宗、卓全成、林怡山、杨天乞、陈福星、陈清吉、高敬延等）继续捐助数千元，

莫逆之交马侨儒、林珠光合影

厦门前埔现存之林云梯先生的大厝

就购买了现今镇海路一带的土地（当时叫作箭场仔），以做学校建校舍之用。新校舍建成，于一九二三年双十商业学校从霞溪路搬迁到新址，即现在的镇海路校区。

第二件事是，林珠光先生为了完成其父林云梯在家乡前埔办校的愿望，全权委托马侨儒先生操持创办云梯学校的事务。前埔距离市区很远，当时交通极为不便。马侨儒先生接受林珠光先生的全权委托，全身心投入到建校过程中，每天来往奔走于市区和前埔两地，极为艰辛，他用很短的时间先建起云梯学校两层教学楼，很快就开始招生授课。林珠光先生发现马侨儒先生是个极有责任心而且非常清廉的人，他不爱财，建设云梯学校过程中的所有往来账目都清清楚楚，而且任劳任怨，因此就非常信任马侨儒先生。林珠光先生聘请马侨儒先生担任云梯学校校长（云梯学校在厦门沦陷时被侵华日军炸毁）。其时马先生身兼双十商业学校和云梯学校两校校长，又有厦门通俗教育社繁忙的公益活动，“一马三鞍”，日夜操劳，加上久受胃肠疾病困扰，渐感身体不支，心生物色接班人之意。

一九二五年四月间，林珠光先生邀请马侨儒先生前往菲律宾马尼拉休养。利用这段时间，马侨儒先生风尘仆仆考察菲律宾教育，逗留三个月，积劳成疾，回国后，于当年夏历八月廿七日不幸英年早逝，终年三十六岁。

（四）立志投身教育，黄其华接受“双十”办学大任

之前庄克昌先生从寻源书院毕业，按照马侨儒先生的夫人说的，马侨儒先生让庄克昌先生来双十任教（大约一九二二、一九二三、一九二四年），并将双十的诸多事务交由庄先生办理。据马侨儒夫人说（因为庄克昌的父母都是惠安人，和马侨儒先生是老乡又是好友），马侨儒先生是看着庄克昌长大的，马先生看重他，所以希望他来接办双十学校（当时马侨儒先后辞去通俗教育社和云梯学校的事务，只留下双十学校的职务，就是希望庄克昌来接手）。但庄克昌却没有兴趣，反而提出要离开双十学校去鼓浪屿女中担任英语教员。通过这件事就可想像当年双十办学的艰辛。

庄克昌先生不接办双十，那么双十将要由谁接办呢？

一九二四年，黄其华先生从福州青年会学校高中毕业，同年，张圣才先生从福州协和大学毕业。两个好朋友都是福州学生运动的骨干分子、学生领袖，当年搞学生运动在福州地区很有点名气。

也不知道是通过什么渠道马侨儒先生认识了黄其华先生，在他前往菲律宾休养考察之前，马侨儒先生与黄其华先生商谈将双十学校交给黄其华接手办的事，希望黄其华接手并且坚持办好；还将侄女马美英许配给黄其华。

黄其华接手办双十学校，从一九二四到一九五六年，时间很长，约三十二年。

黄其华先生曾经说过："一九二四年我在福州青年会中学高中毕业后，双十创办人马侨儒先生要聘我担任该校校长，我对马先生说，我受倾资兴学的陈嘉庚先生的爱国主义精神感动，已立志以教育工作为终身职业，同时已找到一位教育大师陶行知博士做我的精神导师。我将采用他的教育思想作为我办学的方针，拟用初办的双十学校作为实验学校。您如同意，让我试试看。蒙马先生赞许，我高兴极了。"[1]

黄其华先生跟我说过，他愿意接办双十学校的原因，除了受陈嘉庚倾资兴学（即有钱办教育）的感动之外，还有一个，就是被马侨儒先生"无钱也要办教育"的爱国精神所激励。就是这种精神成为黄其华先生的一种鞭策。

一九二五年，马侨儒逝世后，校董会按照原马侨儒先生的嘱托，推荐黄其华先生接任马先生所遗留的职务。

马侨儒先生逝世后，校董会同仁把他葬在双十中学校园内并立碑纪念。

1　黄其华：《陶行知的教育思想与双十中学》，《福建省文史资料》一九八八年第十期。

公諱喬儒慶安之在漢裔
伏波將軍者 公其後也
幼失怙依母愛生岐嶷奇
大志稍長劬學十載遠近
聞者皆樂從之遊平居勝
懷國事引興亡爲己責前
歲華府會議舉國騷然
公乃與同志倡組復所通
俗教育社從事平民運動
爲外交後援時論韙之履
地商旅輻輳病于無學
公乃于民國九年復立雙
十商業中學校捐貲集賢
未逾歲校務井然詎天不

假年 公竟積勞成疾而
殁年三十有六時民國十
四年夏曆八月廿七日也
嗟呼以 公之毅力熱誠
所設施若[illegible]曾一二事何
天奪之如是之速耶同人
既葬 公于學校之前并
刊石誌之爰爲之銘曰
允義先生器雅其藏
維德不爽萬古相望
雙十商業中學 立石謹誌
校董事全體

双十商业中学校董事全体撰墓志铭文纪念

原校园内的马侨儒墓

公讳侨儒，惠安人。在汉有伏波将军者，公其后也。幼失怙，依母为生。岐嶷有大志，稍长，劬学十载。远近闻者，皆乐从之游。平居胜怀国事，引兴亡为己责。前岁华府会议，举国骚然。公乃与同志倡组厦门通俗教育社，从事平民运动，为外交后援，时论韪之。厦地商旅辐辏，病于无学。公乃于民国九年复立双十商业中学校，捐资集贤。未匝岁，校务井然。讵天不假年，公竟积劳成疾而死。年三十有六，时民国十四年夏历八月廿七日也。嗟呼！以公之毅力热诚，所设施者奚啻一二事。何天夺之如是之速耶！同人既葬公于学校之前，并刊石誌之。爰为之铭曰：允义先生兹为其藏，维德不爽万古相望。

双十商业中学校董事全体

立石谨志

二、我知道的林珠光先生其人其事

林珠光先生是厦门前埔村人，其父林云梯先生是菲律宾首富，林珠光先生是子承父业。他广交朋友，为人豪爽，重信义，乐于助人。他爱国，不怕牺牲，热爱体育，尤其篮球运动，成立菲律宾男、女黑白篮球队，赴多国比赛，很轰动出名。他热心教育，创办云梯中小学，特别是全力支持马侨儒创办的双十学校。

林珠光先生是厦门云梯中小学的创办人，是私立双十学校最大的捐助人和支持者。

双十中学首任董事长林珠光

一九二一年，他为首捐资八千元，让租赁临时校舍的私立双十乙种商业学校得以在镇海路购地建校舍，奠定私立双十学校的办学基地，贡献至巨。

马侨儒先生后来身体不好，在应邀到菲律宾时，与林珠光先生有个默契——马侨儒先生有两个心事放不下。第一是双十学校已经开办几年了，在他死后能否继续生存发展下去——放弃了太可惜。谁来接着办？如果找个人愿意接手，那也需要有经费才能维持，否则一样关门。当时厦门私立学校关门的很多，有的办了两三年就关门了，因为维持不下去。

第二放心不下的是家庭，一双女儿很小，一旦他死后，两个女儿怎么办？

林珠光先生向自己的救命恩人马侨儒先生真诚地表态，一是双十学校的事请马先生安心、放心，他愿意接手继续办下去；他还答应马侨儒先生愿意帮助抚养（他的）两个女儿到成年。

一九二七年，校董会改行董事长负责制，推选林珠光先生为董事长，从此，学校常年办学经费大部分由他捐助。学校教职员工生活有了保障，也就能安心来搞好教学，学校教学质量不断提高。

一九三〇年，校董会聘请黄其华为校长，黄校长采用教育家陶行知博士的教育思想作为办学方针，以身作则带头大力推行，

虎豹楼

得到副校长张圣才的大力支持及全校教职员工与学生的密切配合与支持，学校的教学质量大步提高，得到学生家长与社会各界的好评，从此双十中学步入健康发展的大道，为成为著名的中学打下了基础。这些成绩的取得，与林珠光董事长负责解决办学经费，让全校教职员工无后顾之忧得以全心致力于教学而取得优良成绩是分不开的。应该说，私立双十学校当年的生存与发展，林珠光先生的贡献可谓大哉！

侨儒楼

珠光楼

三、我知道的黄其华先生其人其事

（一）困境磨难中刻苦求学

黄其华先生是惠安人，家庭很困难，小时候在厦门做过泥水小工，也做过牙科医生的小工。他小时候读过几年小学，没毕业就休学，原因就是经济困难，不得不做小工赚点钱，然后到处找人补习，终于有了小学毕业程度的同等学力。当年听说陈嘉庚先生办的集美师范学校不要学费又有饭吃，还有点零用钱，他就去报考，考进了。当时的校长是叶渊。读几年后，学校发生学生罢课风潮，他被开除了。对这件事，我曾问过其华先生，你当时被开除是因为什么事？他说，我们的一个同学偷东西，学校叫人把这个学生吊起来打，还叫学生来看，以此杀鸡教猴。我们认为学校不应该这样，认为对还是小孩子的学生犯了错误，应该进行教育，而不是用对待盗贼的方式。于是，我们几个学生去串联，进行罢课。后来学校决定，这些煽动罢课的学生要开除，为首的六七个学生中，就有黄其华和陈伯达（陈尚友）。黄其华先生被开除后，没有学校可读书，就又到处去补习。幸得到恩师黄幼恒先生的资助，才能到福州青年会中学读书。一九二四年黄其华先生从福州青年会中学高中毕业后回到厦门，马侨儒先生请他接手办双十学校，黄其华先生表示同意接手。后邀请张圣才先生一起来办双十学校，也取得张圣才先生的同意。

（二）受命接手“双十”办学事务

一九二五年马侨儒先生逝世，根据马先生的嘱托，校董会要黄其华先生接手马侨儒先生职务。黄其华先生虽然在集美师范学校读了好几年，对教学原理与教学方法懂得一些，但没有实践经验，加上年纪轻，没有社会声望，因此与校董会协商，先让他搞教务工作，锻炼锻炼。为此，一九二六年春，校董会聘请知名牧师王宗仁先生为校长（兼），聘请黄其华先生为教务主任。

王宗仁先生本身的牧师工作已经够忙，就将校中用人行政及一切校务工作均委托给黄其华先生以教务主任名义代理执行。

一九三〇年，王宗仁先生因故辞去校长职务，校董会即聘请黄其华先生为校长。

（三）就任校长，全面师承陶行知教育思想

黄其华校长采用教育家陶行知博士的教育思想为办学方针，创行“生活指导制”的教育教学方法，使教、学、做三者统一，以身作则，带头大力推行，得到副校长张圣才先生大力支持，也得到全校教职员工以及学生的密切配合与支持，学校的教学质量大步提高，学校面貌焕然一新，得到学生家长及社会各界的好评。从此双十中学步入健康发展的大道，奠定了成为名校的基础。

黄其华先生在双十中学服务长达三十二年，他先后担任教务主任、校长、校董、董事长，是私立双十中学服务最久的领导人，他将毕生的心血奉献给双十中学，他爱双十中学胜过爱他自己。

回顾我还没来双十读书前，抗日战争前，双十中学的学生黄笃灶先生及教工林有土先生就用赞赏的口吻向我介绍黄其华先生，说我们校长“好猛”（很厉害），高中毕业就来双十当校长，他是硬拼出来的。我也是穷苦人出身，听到黄其华先生是硬拼奋斗出来的人，我就对他很钦佩。

黄其华先生是个高中毕业生，双十中学也办有高中，学生高中毕业，去报考厦门大学，他这个校长也就和他的学生一起去报考。已经当了五年校长的黄其华先生考进了厦门大学，他就半工半读在厦大读书。黄其华先生的这段历史就成为美谈。

（四）“复员”岁月，“双十”艰辛复校办学

抗日战争爆发，双十中学搬到平和县。当时的情况是，金门沦陷，金门过来的难民很多。因此，厦门就派许春草先生和黄其

华先生二人，委托他们去菲律宾募捐来救济。这是全市的任务。黄其华去平和县将双十中学安顿好，就去菲律宾开展募捐工作。此一去，厦门沦陷，他们就回不来了，只好在菲律宾滞留下去。

一九四五年，抗日战争胜利。当时，黄其华先生和张圣才先生都在菲律宾。正准备复员回来厦门继续办双十中学。有一位爱国华侨名叫黄文开，这个人很慷慨热情，他捐献菲律宾币一万元，作为厦门双十中学复员复课的费用。然后，他们考虑的是这所学校复办，以后的办学经费该怎么办？为此，组织菲律宾厦门双十中学校董会，黄文开、郑汉荣、吴宗明和其他十多位校董，总共出资二十多万美元，全权委托黄其华先生回到国内办实业，办实业赚的钱三分之一要给双十中学做办学经费。同时菲律宾厦门双十中学校董会推选黄其华先生为董事长。黄其华先生从菲律宾回来，一方面把双十中学从平和县迁回厦门复课，那时叫做非复员。另外在上海办启南实业公司，启南实业公司再投资参股两间银行，一间是福州华南银行，一间是厦门中国工矿银行。参股银行，他想到陈嘉庚先生办了那么多学校，还办了集友银行，银行赚钱来给学校用，这个办法很好，他要学习，才参股在这两间银行。另外还参股了两间公司，一间是福建省渔业公司，一间是福建省农林公司。没想到的是，当时国民党金圆券、银圆券等金融方面搞得一塌糊涂，到了解放，可回收的股金大大缩水。

（五）解放初期，从事政务实业仍心系“双十”

解放初，黄其华先生本来担任厦门市“民革”的主委，但原来投资参股的银行和公司都不能办了，他去讨要那些剩余资产，当时的福州市人民政府鼓励他说，把那笔资金用来办工业。为此，黄其华先生只好辞掉厦门市“民革”的主委。当年，本来我要在双十教书，他也同意。忽然间，他告诉我，他要去福州办工厂，要我不如跟他去福州，那里的工厂需要“观头顾尾”。如果我跟他去福州，刚好能够帮他，我就跟他到福州。在福州办的是福州太阳橡胶电工厂，这间厂生产橡胶制品和电线。

记得李永裕同志告诉过我，一九五三年，厦门市政府教育局派他来双十当校长，因为双十是私立的，私立的学校是校董会的董事长才有权聘请校长的，规矩是这样的。一九五三年有一天，李永裕同志就到福州，向黄其华先生说明原委，其华先生同意后，才写了一张委任状给李永裕同志，委任他当厦门市私立双十中学校长。

到了一九五五年，张圣才和黄其华两位先生因为“潘汉年事件”被抓。黄其华关押了一年多被释放，出来说是没事，但是因为同案的张圣才还关押在监狱，没有结案，他就被列为管制分子。一九五五年他出事，一九五六年工厂就公私合营了。合营后工厂一分为二，到现在，黄其华办的这间工厂在福建省还很有名，一间叫作福州橡胶厂，还有一间生产太阳牌的电缆，叫作南平电缆厂。他们现在用的太阳牌商标，就是当年我们生产用的牌子。

抗日战争胜利以后，张圣才先生心里很纠结，就因为军统这个身份形象不好，他就一直想办法洗刷。为此他就和黄其华先生商议，在黄其华先生所投资的银行及公司挂个董事或副董事长的名头，以便他以菲律宾华侨企业家的身份在社会上活动。

解放了，学校何去何从？黄其华和张圣才两位先生感到办学经费困难。原先学校经费困难可以跑南洋去找人捐献，解放后没法出去，厦门本地的生意人在临解放时已经被金圆券银圆券搞糟了，能捐献的钱已经是极为有限。他们两人研究了一下，由张圣才先生去福州找省教育厅，申请学校成为公办。教育厅告知，刚解放要办的事很多，钱也有限，希望你们维持现状。

说到这里，不能不插进来说一说马侨儒夫人龚恩惠女士。在抗战胜利后双十中学从平和迁回厦门复员办学的年月里，学校各方面都很困难，尤其是经济上困难更多。当时有许多学生需要住校，学校就要置办床席被褥校服等用品。可是不可能每个学期都买新的，所以每当学期结束，龚女士就要把学生用过的被褥床席收拾回来，拆洗修补。这些繁重的琐碎的修修补补洗洗刷刷的事情，很多是龚恩惠女士自己做的。她本来就有脚疾，行动不便，可是却常年坚持做这些本该女工去做的事。对这些服装破了还能补的地方，还要自己一针一线缝补。席子磨破了，不能修补的，她还要继续变卖自己的随嫁家底，换钱去买新的。当新学期开学时，学生们又能用上干净的被褥和床席了。学生们都很感激她。实际上，从双十学校开办以来，马侨儒夫人就一直是这样默默无闻地支持丈夫的工作，把丈夫的事业当作自己的事业。几乎每一年，她都要掏钱置办学生住宿必须的生活用品，特别是被褥床席，用来置换那些用坏了不能修补再利用的用品；对于还能修补的，就一一动手修补。平时看到学生衣服破损了脏了，马侨儒夫人都会及时叫学生换下来，替他们浆洗，修补。不管是严冬还是酷暑，年复一年，马侨儒夫人都坚持这样做。夏天，满头大汗；冬天，手脚皲裂，马侨儒夫人都无怨无悔。要知道，当时来学校读书的，有许多是穷人家的孩子，或者是家里不够富裕的孩子；加上孩子们上学有各种活动，蹦蹦跳跳，攀高趴低，鞋袜服装都很容易弄脏弄破的。当他们从校长夫人手中接过缝补浆洗过的干干净净整整齐齐的衣物，心中会充满了多少的感动！学校创办人的夫人以她朴实的行动影响着双十中学的学子们，教会他们养成勤俭节约的好习惯，也以一以贯之的行动支持已故丈夫的办学事业，演绎着爱校爱国的高尚情怀。我常常在想，为什么双十中学的历代学子们对于自己的母校有着这么深厚的感情？因为他们从母校的师长们那里能感受到深深的母爱。而这种母爱，自母校创始人马侨儒先生的夫人龚恩惠女士始，再经当年实行的“生活指导制”的习染，形成风气，且代代相传！

马侨儒夫人龚恩惠

那么后来厦门私立双十中学为什么会于一九五六年改为公立？

大公報

一九八三年十月廿六日

厦門雙十中學校名正式恢復

【中國新聞社厦門二十五日電】經厦門市政府同意，厦門第八中學恢復原校名「厦門雙十中學」。

厦門雙十中學歷史悠久，是愛國華僑馬僑儒先生於一九一九年為紀念辛亥革命創辦的。一九二五年，正式更名為「厦門雙十中學」，該學校以陶行知的教育思想為辦學宗旨。一九五三年學校改為公立。一九六五年改名為厦門第八中學。

厦門雙十中學建校六十四年來，為國家培養了數以萬計的人材，在國內外享有聲譽。還有不少校友現在是台灣政界、商界的知名人士。在港澳和東南亞也有不少校友是當地的社會賢達和學者名流。

厦門日報

厦门八中复名为厦门双十中学

华侨创办　历史悠久　人才辈出

本报讯　经厦门市人民政府同意，厦门第八中学恢复“厦门双十中学”校名。

厦门双十中学具有悠久的历史，是爱国华侨马侨儒先生于一九一九年为纪念辛亥革命而创办的。初办时是侨办私立学校，其办校的宗旨是，兴办教育，宣传革命道理，为祖国培育英才，巩固辛亥革命的胜利成果。建校初期的学校是一所适应社会需要的职业学校，兼办有商科、新闻科。一九二五年，正式更名为“厦门双十中学”。当时校长黄其华、张圣才先生以陶行知的教育思想为办校宗旨，致力办好学校。一九三八年厦门沦陷后，学校迁往平和小溪继续办学，直至一九四六年，抗战胜利后，再迁回厦门。解放后，一九五三年，李永裕同志受党委托，接办“双十中学”，学校改为公立。从此学校面貌焕然一新，教学教育质量稳步提高，并逐步形成良好的教风、学风、校风。一九五九年荣获“红旗中学”的称号，一九六〇年，出席了全国文教群英会，荣获周恩来总理亲笔题词的“先进单位”的称号。一九六五年“社教运动”中被改名为厦门第八中学。

厦门双十中学建校六十四年来，为国家培养了数以万计的人才，在国内外享有较高的声誉，校友的足迹遍布海内外。厦门双十中学校友中，有联合国粮农组织总干事、美中友协负责人何连玉博士，美国著名医学家李景昀博士，还有我国著名的音乐家、中国音协副主席李焕之同志，著名诗人马寒冰，著名剧作家洛丁。有不少校友现在是台湾政界、商界的知名人士，在港澳、东南亚也有不少校友是当地各界的社会贤达、学者名流。

厦门双十中学的复名，是进一步落实华侨政策的结果，深得国内外校友的拥护，将有益于保护和鼓励侨胞爱国爱乡和办学的积极性，便于开展对外文化交流，加强与海外校友的联系，促进厦门经济特区的建设和台湾回归祖国的统一大业。

（岩岚）

僑鄉報

厦门双十中学恢复原校名

落实华侨办学政策　发扬爱国爱乡热情

本报讯　厦门市人民政府最近同意自即日起，厦门第八中学恢复“厦门双十中学”原校名。

厦门双十中学历史悠久，是爱国华侨马侨儒先生于一九一九年为纪念辛亥革命而创办的。初办时是侨办私立学校，其办校的宗旨是，兴办教育，宣传革命道理，为祖国培育人才，巩固辛亥革命的胜利成果。建校初期的学校是一所适应社会需要的职业学校，一九二五年，正式更名为“厦门双十中学”。抗战爆发后，不少进步学生怀着一腔爱国热血，寻求救国道路，奔赴革命圣地延安，共赴国难。解放后，一九五三年，学校改为公立。从此，教学教育质量稳步提高，并逐步形成良好的教风、学风、校风。一九五九年荣获“红旗中学”的称号，一九六五年“社教运动”中被改名为厦门第八中学。

厦门双十中学建校六十四年来，为国家培养了数以万计的人才，在国内外享有较高的声誉，校友的足迹遍布海内外。厦门双十中学校友中，有联合国粮农组织总干事，美中友协负责人何连玉博士，美国著名医学家李景昀博士，还有我国著名的音乐家、中国音协副主席李焕之，著名诗人马寒冰，著名剧作家洛丁。有不少校友现在是台湾政界、商界的知名人士，在港澳、东南亚也有不少校友是当地各界的社会贤达、学者名流。

厦门双十中学的复名，是进一步落实华侨政策的结果，深得国内外校友的拥护，将有益于保护和鼓励侨胞爱国爱乡和办学的积极性，便于开展对外文化交流，加强与海外校友的联系，促进厦门经济特区的建设和台湾回归祖国的统一大业。　（岩岚）

文匯報

公元一九八三年十月廿七日

廈門雙十中學已恢復原校名

【中國新聞社廈門二十五日電】經廈門市政府同意，廈門第八中學恢復原校名「廈門雙十中學」。

廈門雙十中學歷史悠久，是愛國華僑馬僑儒先生於一九一九年爲紀念辛亥革命創辦的。一九二五年，正式更名爲「廈門雙十中學」，該學校以陶行知的教育思想爲辦學宗旨。一九五三年學校改爲公立。一九六五年改名爲廈門第八中學。

廈門雙十中學建校六十四年來，爲國家培養了數以萬計的人材，在國內外享有聲譽。聯合國糧農組織總幹事、美中友協負責人何連玉博士、美國著名醫學李景昀博士；中國著名音樂家、中國音協副主席李煥之等，都是該校校友。還有不少校友現在是台灣政界、商界的知名人士。在港澳和東南亞也有不少校友是當地的社會賢達和學者名流。

一九八三年十月海内外部分媒体关于双十中学复名的报道

那是因为一九五五年“潘汉年事件”发生，为主是要抓张圣才，又牵连到黄其华，结果两个都被抓走，也就是说双十中学董事长、副董事长都被抓，学校校董会没有头头，办学经费无着落。到了一九五六年政府把双十中学改为公立。

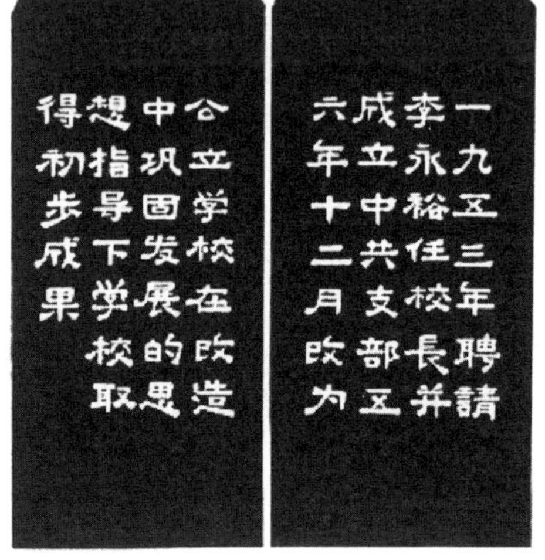

公立

再有一个事情，“八中”校名为什么能改回“双十”？我读过英华中学，英华中学的同学对我说，你跟李永裕很熟，你帮探听一下，我们原英华中学的校名能不能从“二中”校名改回来？我去找李永裕，当时李永裕任厦门市教委的党委书记，李永裕告诉我，双十是国人为继承和发扬孙中山辛亥革命精神创办的，是一所爱国的学校，所以能够改回来。英华中学是教会办的，又是外国人办的，不行。[1]

1　因为历史资料贫乏，又缺少考证，关于双十中学恢复原校名的这些报道，都错误地把马侨儒先生写成“爱国华侨”。实际情况是，马侨儒出身贫寒，并非华侨。龚恩惠女士亦非出身于华侨家庭。

四、我知道的张圣才先生其人其事

张圣才先生，同安人，是位爱国传奇人物。在国家危难时，他挺身而出，倡组并领导厦门抗日救国会，出生入死，与日寇做坚决的斗争，取得很好的成绩。在反对蒋介石独裁的斗争中，他拥护真理，坚持进步，在中共领导潘汉年的直接领导下，在策反、营救等方面做出贡献。他是位令人敬佩的爱国先贤。关于他在双十中学工作的详情，在他留下的两本书——《爱国奇人张圣才》与《张圣才口述实录》里都有详细介绍，我就不重复了。

最近，有些人对马侨儒先生创办双十学校这一点上有不同的看法，这个问题的正确答案，应该从当时的经办人、当时的参与人来找答案，也就是说，要从当时的经办人、当时的参与人留下的资料来找答案。

第一位，就是张圣才先生。张圣才先生留下两本书：《爱国奇人张圣才》与《张圣才口述实录》。为什么找这两本书？这两本书不一般，《爱国奇人张圣才》的作者是蔡燕生。蔡先生在十几年间，听着张圣才先生的叙述，纪实整理，积累起来的。该书稿还得到张圣才先生女婿巫日辰先生及儿子张石生先生的协助校对。另一本《张圣才口述实录》，这是张圣才先生的口述录音带，原放在他的子女那里，后来交给厦门作家泓莹，由泓莹整理出来的。

在《爱国奇人张圣才》一书第三十五页，上面说“马侨儒是厦门双十乙种商业学校的创办人”。另一本《张圣才口述实录》一书第五十九页，两次讲到双十学校的有关事情。第一次讲“双十的前身是马侨儒先生创办的商校，规模比较小”，第二次讲“双十中学一九二七年成为完中，创始人马侨儒先生在一九二九年积劳成疾去世”（此处马侨儒先生去世时间有误），这是张圣才先生讲的话。

第二位，黄其华先生。黄其华先生曾经写过《厦门私立双十中学简史》，是一九六五年写的。第一页，也就是首页，他是这样写的：“双中（就是双十中学）的创办人是马侨儒先生。”黄其华先生还在《伟大的人民教育家陶行知先生教育思想和厦门双十中学》一文的首页写到：“我对该校，也就是双十学校，创办人马侨儒先生说，要用陶行知的教育思想办学。”[1]

第三位：林珠光先生。林珠光先生特立“马侨儒先生墓志铭”，上写：“……然君于教育抱宏愿，未几，遂有双十学校之组织……明年，光秉先严兴学育才遗旨创办云梯学校于禾山故乡。”他说马侨儒先生的双十学校已创办了，他说第二年他才回厦门创办云梯学校。他并没说他创办双十学校。

林珠光所撰铭文：

君名侨儒，福建惠安人。性敏慧，好读书。髫龄失怙。太夫人以女红所得，资膏火，勤劬抚育，俾克成立。既卒业于时化、廻澜两校，乃出而服务社会。任同美、养元、敦化、三育诸校教职，循循善诱，称良师焉。然君于教育抱宏愿，未几，遂有双十学校之组织。忆光之遇君也，于民九春，时以结昏回里，与君一见如旧，竟成莫逆。明年，光秉先严兴

1 见一九八二年十二月在福建省陶行知教育思想研究会筹备处印发的材料。

君名僑儒福建惠安人性敏慧好讀書髫齡失怙太夫人以女紅所得資膏火勸勉撫育俾克成立既卒業于時化迎潮兩校乃出而服務社會任同英春光敎化三育諸校敎職循循善誘稱良師焉然君子敎育抱宏願未幾遂有雙十學校之組織憶光之遇君也于民九春時以結婚回里與君一見如舊旋成莫逆明年光秉先嚴興學育才遺旨創辦雲梯學校丕承山故鄉絃光志也乃以興建校舍與種種設施屬諸君君不計酬始維艱毅然任勞怨毋稍難色其勇于負

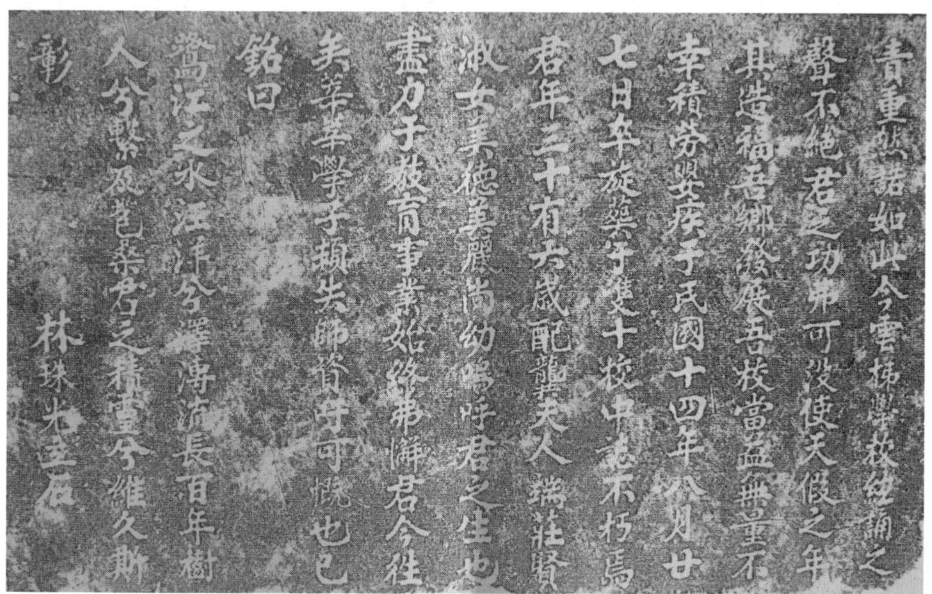

責重然諾如此今雲梯學校絃誦之聲不絕君之功弗可沒使天假之年其造福吾鄉發展吾校當益無量不幸積勞嬰疾于民國十四年八月廿七日卒旋葬于雙十校中志不朽焉君年三十有六歲配龔夫人瑞莊賢淑女美德美麗尚幼嗚呼君之生也盡力于教育事業始終弗懈君今往矣莘莘學子頓失師資寧可慨也已

銘曰

鷺江之水汪洋兮澤溥流長百年樹人兮繫及芑梓君之精靈兮維久斯彰

林珠光立石

林珠光为马侨儒立石铭文

学育才遗旨创办云梯学校于禾山故乡，绍先志也。乃以兴建校舍与种种设施属诸君。君不计创始维艰，毅然任劳怨，毋稍难色。其勇于负责，重然诺如此。今云梯学校弦诵之声不绝，君之功弗可没。使天假之年，其造福吾乡，发展吾校，当益无量。不幸积劳婴疾，于民国十四年八月廿七日卒。旋葬于双十校中，誌不朽焉。君年三十有六岁，配龚夫人端庄贤淑；女美德，美丽尚幼。呜呼！君之生也，尽力于教育事业，始

薛岭墓园里的马侨儒先生之墓

终弗懈；君今往矣，莘莘学子，顿失师资，吁可慨也已！铭曰：

鹭江之水汪洋兮，泽溥流长；百年树人兮，系及芭桑；君之精灵兮，维久斯彰。

林珠光立石

此外，在马侨儒先生的墓志铭上，双十商业中学校董事全体立石，立石者就是当年双十创办时的全体校董们。墓志铭上这样写："……公乃与同志倡组厦门通俗教育社，从事平民运动。为外交后援……厦地商旅辐辏，病于无学，公（马侨儒）乃于民国九年复立双十商业中学校。"

从以上四方面资料来综合分析，正确的答案应该是：马侨儒先生是双十商业学校及在此基础上发展起来的双十中学的创始人、创办人。

以上两篇马侨儒先生的墓志铭都刻在马侨儒先生的同一块墓碑石上，字迹清晰可辨。马侨儒先生的墓地现在薛岭。

爱国主义，是“双十”百年传承的基因

双十有一条爱国主义的红线，一定要记住要继承。

一、“双十”与生俱来的爱国情结与传承

（一）不能不说的马侨儒先生和厦门通俗教育社

马侨儒先生受辛亥革命影响，作为孙中山先生的忠实信徒，他创办了学校，命名为双十，就体现了爱国的精神。我现在主要想说的是厦门通俗教育社的事情。在校董会同仁所撰的墓志铭里提到马侨儒“与同志倡组厦门通俗教育社，从事平民运动。为外交后援”。

在辛亥革命浪潮的推动下，在孙中山先生精神的影响下，有感于厦门社会教育不发达、民气闭塞的现状，厦门的一批有识有志的爱国青年知识分子，如马侨儒、康伯钟、陈文总、庄英才、黄邦桢、吴梓人、李维修、李汉青、黄建成等，于一九二一年倡议组织“厦门通俗教育社”。随后又有许多人参加，其中就有庄希泉、陈桂琛、陈伯达、张振才等人，这里面有好几人在中国的历史上留下名字。

通俗教育社是个民间自发的、自筹经费的、义务性质的群众

组织，但社务却很严密，整个社务活动开展较有序有效，人员各司其职，各负其责，分兵把口，保证社务有序开展。

有些事本来是政府应该做而没有做的，或者做不好的，通俗教育社对于对社会有用有利的公益事业都能眼到手到，能做就做，勇于承担，例如禁毒、抵制日货、制裁奸商。这是一场流血的生死搏斗，为此，通俗教育社的禁毒负责人张振才遭人暗杀身亡，另一负责人陈文总遭刺杀负伤。但通俗教育社对禁毒、抵制日货仍雷厉风行，致使奸商敛迹。如剧务股配合禁毒运动，演出林则徐禁毒新剧，说明鸦片害人。“九一八”事变后，自编剧本演出《马占山英勇抗日》《捉汉奸》《父子参军》等，深获人民的欢迎。其票务收入，除了供作通俗教育社运作经费外，又作为公益活动的开支。又如卫生股负责卫生知识宣传教育，为平民义务种痘，打预防针，组织救护队，办平民医院，能做就做。

马侨儒先生作为通俗教育社发起人之一，在社内担任教育股主任。这是个直接涉及唤醒民众教育民众的工作，主要工作就是负责组织举办夜校及各种补习学校，给贫民子弟赠送“义学券”，免费到学校就学，学费由通俗教育社支付。发动民众上夜校，利用夜校宣传唤醒民众。还在街道电线杆上油写古今格言，教育民众。另外，还设置阅报所，定点定时组织读报等。马侨儒还担任过交际股的主任，交际股主要工作是对外联络，吸收社友，征求赞助人员及维持人员，还代表本社参加各种社团会议及活动，等等，各种事务很繁忙的。马侨儒先生肩担两所学校校长，又有通俗教育社的繁忙工作，所以当时人家形容他是“一马三鞍”。可以说他把一生心血奉献给了教育救国的事业。

我本人对通俗教育社怀有很深的感念，我很钦佩当时那些通俗教育社的人，总感觉通俗教育社的这些年轻人是社会精英。这跟我小时候的经历有关的。

我七八岁的时候就读禾山禾光小学一二年级，但是对于上学却很抵触，不喜欢。可是通俗教育社在我们禾山那一带开展的活动却很吸引我。比如我经常跟着大人们跑去位于厦门江头与乌石浦之间的蒙泉小学通俗教育社的夜校。当时路上是没有路灯的，四周漆黑一片，只有夜校教室有电灯。那时候他们办的夜校，对于大人小孩一律热情欢迎，而且不收费。老师们都是一些年轻人，教育方式又很灵活，很适合大人小孩，比如我记得很清楚的一次，是有一天晚上我去那里上课，老师首先教大家识字，写上“一家六人”，老师边讲解边认读，让学生在桌子上写，反复几遍就理解记住了。接着老师询问“一家六人”是指哪些人？有学生答：“爸爸、妈妈、哥哥、姐姐、弟弟、妹妹，共六人。”老师满意地说，答对了。老师又在黑板上写下爸、妈、哥、姐、弟、妹六个字，边写边讲解教大家认读，让学生在桌子上写，反复几遍，学生就理解记住了。只用短短几分钟，就教学生认识十个字。接着又教闽南语儿歌童谣，我到现在还记得“滚滚滚，中国打日本，日本死真多，中国万万岁……”教唱完儿歌，就讲时事形势，讲东北被日本占领，日寇杀我们父母兄弟，抢占我们土地，马占山将军的部队正在与日寇作战，在保卫国家，在英勇牺牲，所以我们要支持他们抗战打日本，有力出力，有钱出钱，要把日本鬼赶出去

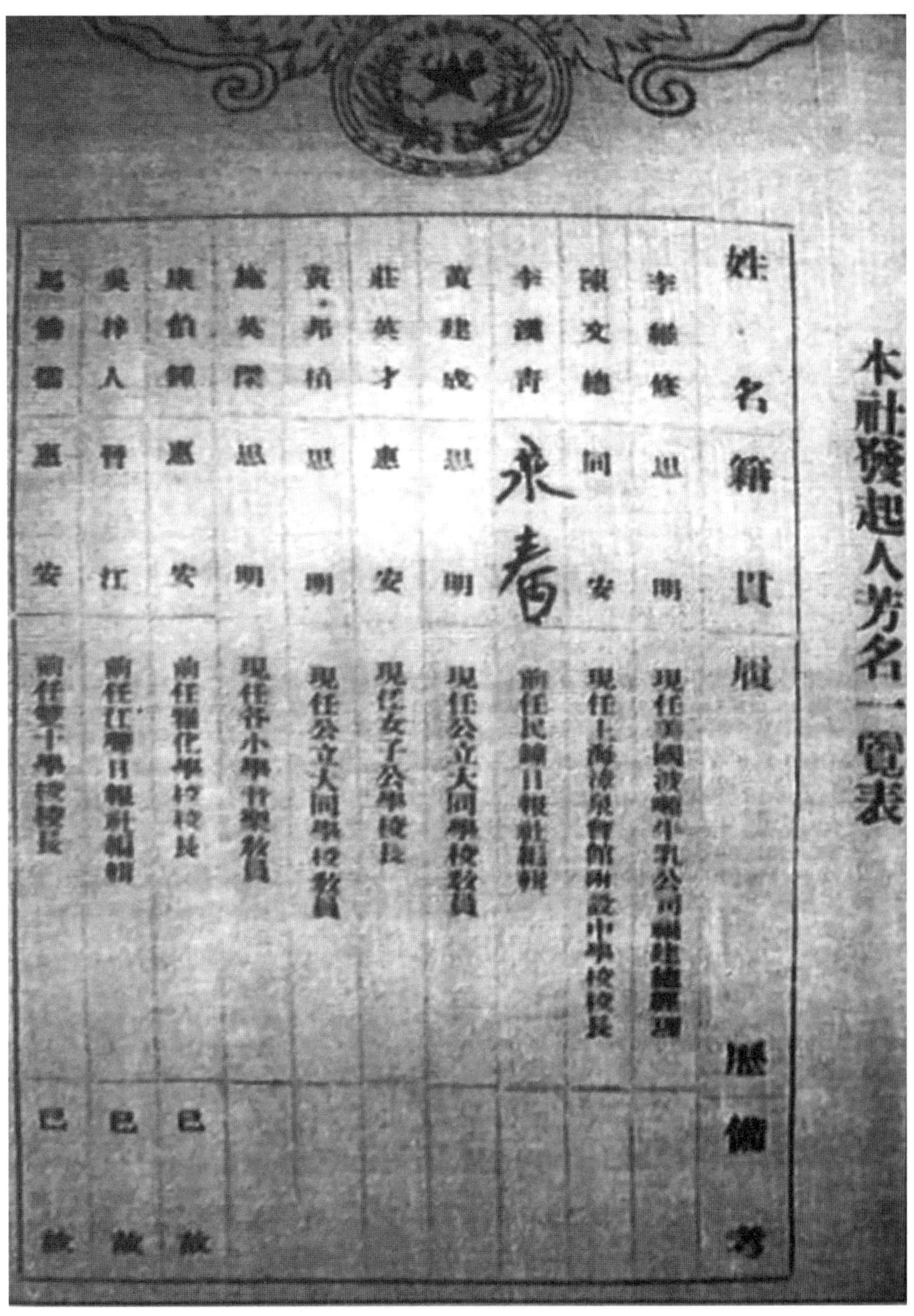

本社發起人芳名一覽表

姓名	籍貫	履歷	備考
李[illegible]修	思明	現任美國[illegible]牛乳公司[illegible]經理	
陳文總	同安	現任上海[illegible]會館附設中學校校長	
李漢青	永春	前任民鐘日報社編輯	
黃建成	思明	現任公立大同學校教員	
莊英才	惠安	現任女子公學校長	
黃·邦楨	思明	現任公立大同學校教員	
施[illegible][illegible]	思明	現任[illegible]小學音樂教員	
康[illegible][illegible]	惠安	前任[illegible]化學校校長	已故
吳[illegible]人	晉江	前任江聲日報社編輯	已故
馬僑儒	惠安	前任雙十學校校長	已故

厦门通俗教育社发起人名单：左起第一人马侨儒

等等。多么精彩难忘的啊！

通俗教育社的读报工作，也做得很好，不是仅仅把报纸放在那里，而是安排人定时定点在那里读，还编快板吸引群众。因为那时文盲很多，不识字谁还会到那里看报纸呢？读完报纸还讲解时事，对民众进行爱国主义宣传。

有关厦门通俗教育社的事，李向群编著的《厦门教育史话》一书中有详尽的记载，大家可以去看。

从上面所述，可以知道，在辛亥革命后及“五四”运动后，厦门的一批批热血爱国青年就以振兴国家为己任，而马侨儒就是其中极有代表性的人物。从这个意义上说，双十学校从其创办人

李向群校友编著《厦门教育史话》
（二〇一三年厦门大学出版社出版）

开始，就具备爱国爱乡的崇高品质，而随着一代代双十人的坚持，这种崇高品质渐渐积淀，形成光荣的传统。这是我们在纪念双十中学建校一百周年的时候，必须着重提炼出来的一根红线！

（二）再来讲讲林珠光先生

他是经过马侨儒先生的开导，认识教育救国的重要性，就表示要支持协助马侨儒先生办学。他创办厦门云梯中小学，花了十几万，又捐八千元给双十学校，也是爱国爱乡的一种表现。

一九二五年马侨儒逝世，一九二六年王宗仁来任校长，黄其华任教务长，这一年多的时间，学校肯定动荡得很，经费非常困难。于是一九二七年就实行董事长负责制，校董会推举林珠光先生任董事长，董事长要负责学校一切办学经费。所以说，林珠光先生的确是个重然诺重友情，同时也是爱国爱乡的人。他一面要办云梯中小学校，一面要办双十学校，两边都需要大笔钱财。黄其华先生说过，凭良心说，当时如果没有林珠光先生来负责办学经费，老师们怎么能安心教学？所以从一九二七年到一九三八年间，林珠光先生对于双十学校贡献极大！因为提供了办学经费保障，教师才能安心教书，双十学校才能发展进步，成绩显著。林珠光先生是有很大功劳的！

后来林珠光先生做生意失败，没钱了。住在菲律宾马尼拉。当时张圣才先生到菲律宾搞抗日地下情报工作，日本攻打马尼拉，飞机轰炸扫射，张圣才雇佣的一个司机怕死，扔下车跑了，不干了。这时候，林珠光自告奋勇担任司机，协助张圣才先生，随叫随到，不怕飞机扫射炸弹轰炸，不要任何报酬，协助、参与了张圣才先生的抗日活动。所以我说林珠光先生不怕牺牲，很爱国。

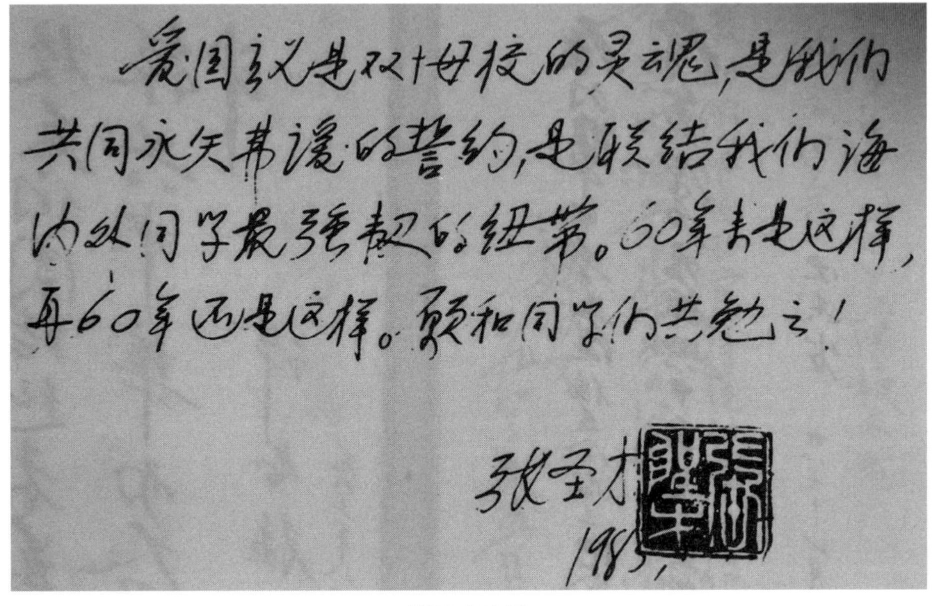

爱国就是双十母校的灵魂，是我们共同永矢弗谖的誓约，是联结我们海内外同学最强韧的纽带。60年来是这样，再60年还是这样。愿和同学们共勉之！

张圣才

1985，

张圣才题词

二、抗日战争时期不屈的双十师生

（一）投身抗日爱国第一线的张圣才和黄其华先生

日本帝国主义不断侵占我国土地，但蒋介石却推行其“攘外必先安内”的不抵抗政策，镇压人民的抗日活动，当时抗日救国却成为“违法犯罪”，尤其一九三一年“九一八”事变后，这种抗日救国竟成为“违法犯罪”的反动政策引起人民的公愤。

一九三一年十一月，也就是“九一八”事变发生后的第二个月，由许春草、黄其华、黄幼恒、张圣才、王连元（中华中学校长）、林瑞鼎（大同中学总务主任）、庄国章、庄雪轩等人发起成立“厦门抗日救国会”。由于许春草的特殊身份及工作的方便，许春草并没有在发起人名单上面而作为幕后“顾问”。会上推选张圣才为负责人，决议“反对日本侵略，反对卖国贼，反对奸商，抵制日货”获得通过。

厦门抗日救国会在厦门建筑总工会门口公开挂牌。这是全国最早又是第一家公开挂牌抗日救国的爱国群众组织。从其决议案就可以明白，他们的活动必然会遭到日本帝国主义、蒋介石卖国政府及社会上的汉奸与奸商的激烈反对。这是一场救国与卖国的斗争，因此注定是一场生死的斗争。

当时黄其华是双十中学校长，张圣才是副校长，他们做了分工，让张圣才全力以赴搞抗日救国会工作，黄其华在搞好学校教学工作的同时，动员老师与学生，支援、配合张圣才开展的工作。

厦门抗日救国会公开挂牌后，由于成绩显著，随后厦门各个学校也都成立，后来闽南二十二县都响应成立抗日救国会，最后，厦门抗日救国会联合闽南二十二县成立的抗日救国会组成闽南二十二县抗日团体联合会，会址设在厦门建筑总工会内，以协调厦门与闽南二十二县的抗日救国工作，以此形成了一股不可小觑的抗日力量。

张圣才先生领导的抗日救国会搞得有声有色，贡献巨大，有其主客观的原因。主观方面，是坚定的抗日意志，热爱国家、家乡，加上个人的才干与智慧；客观方面，他有“文”与“武”二手的支持配合。“武”的方面，他的姐夫许春草当时手下有个建筑总工会，掌握着建筑工人五千多人，听从张圣才的调度指挥。这是一手“武”的力量，学生要上街游行示威，要宣传抗日，要抵制日货，有建筑工人做后盾，不怕反动派捣乱；“文”的方面有双十学校、中华中学和大同中学的进步教师和学生。双十中学当时组织了一个抗日救亡宣传队，经常上街宣传抗日救亡、抵制日货、打击奸商；女生则组织妇女宣传队，向家庭妇女进行宣传。所以当时厦门抗日救国会活动搞得声势浩大，影响很广，日本报纸《朝日新闻》上把双十中学说成是厦门抗日策源地，事实不假。

张圣才、黄其华在厦门组织的抗日救国会影响很大，长期坚持鼓动抗日，组织各种抗日活动，日本人早把双十中学视作“厦门抗日策源地”，视为眼中钉，刻骨仇恨。所以到一九三八年厦门一沦陷，侵厦日军就直奔双十中学要抓“顽固抗日分子”黄其华校长，抓爱国抗日的双十学生。幸好黄其华先生提前几天撤往菲律宾。请看《见证：1938厦门》一书第一百八十五面上的材料，标题是“抓捕伪装难民的抗日分子，当中有一位仅十六岁的女首领”。

抓捕伪装难民的抗日分子
当中有一位仅十六岁的女首领

报业同盟1日厦门报导：鼓浪屿支那难民中，有一些表面伪装成难民，背地里搞抗日的分子，上月31日起，领事馆警察在陆战队配合下，对鼓浪屿日侨财产作调查的同时，也对不良分子进行了搜捕，已抓获10多人，当中有一位年仅16岁，却担任抗日救国会领导职务，名叫许金菊的少女，可见其抗日意志多么坚定。另外，著名反日中学双十中学的校长黄其华也是国民党抗日坚定分子，要逮捕他时，被他先走一步，逃到了菲律宾，只搜到一些文件。

李向群校友编著《见证：1938厦门》
（二〇一五年厦门大学出版社出版）

《见证：1938厦门》插图——双十中学的俘虏

同书第一百八十七面有两张照片，是当时被日军抓住在双十中学校门口示众的几个双十爱国学生，可见日寇对双十中学师生的仇恨。我们双十人应该牢记！

《见证：1938厦门》插图二——俘虏们在修缮鼓浪屿双十中学

张圣才先生与黄其华先生去菲律宾，继续从事抗日活动。黄其华在中正中学做校长，动员校内的进步师生配合支持张圣才搞地下抗日情报工作。菲律宾沦陷时，他们跑去“山芭”那个地方住。张圣才租一座两层楼作为活动地点，一起住楼上的有许祖义先生的夫人、许十方先生的母亲王双游及许十方先生的舅舅王明爱。王双游负责做后勤，她更重要的工作是负责翻译密电文。张圣才扮成学者，住楼上，摆上几部大字典，说是研究哲学。黄其华一家住楼下掩护。当时黄其华次女黄尚质读山芭下的一所小学，张圣才买一部自行车给她，把收发的情报放置在自行车上隐秘处，让她上学时把车寄放在山下自行车店里，那是张圣才设的一个联络点，内有两三个情报人员。就用这种方式传递情报，日军占领菲律宾时，张圣才就是这样领导他布局的情报工作。

张圣才先生在菲律宾取得日军可能攻打美国（即偷袭珍珠港）

的重要情报，这是对抗战有利的事，他是有功劳的。

在菲律宾，黄其华掩护张圣才做抗日地下工作。他的次女就是个小小交通员，帮助张圣才接送情报。有一次日军小分队突然到他家去搜查，张圣才的一个发报机还在房里，黄其华赶紧想办法把它塞到厨房灶灰里，才逃过一劫。无论在厦门或是在菲律宾，张圣才与黄其华先生从不停顿，密切配合做抗日工作。

（二）双十学子誓与日寇抗争，奔赴抗日战争前线

在学生方面，李焕之、庄炎林是我们的双十校友、学长。庄炎林、李焕之千里迢迢历尽千辛万苦辗转奔赴革命圣地延安，真不简单！他俩是先知先觉者，是我们学习的楷模，是母校的光荣。

原全国侨联主席庄炎林与马思健合影

李焕之与母校艺术团

还有黄笃灶先生，也是双十校友，学长。抗战初期，厦门当时号召青年人参军，厦门有一百人参加，号称“一百猛”，黄笃灶是“一百猛”中的一员。积极奔赴抗日战争的前线，也是母校的光荣。

（三）内迁平和，播撒抗日爱国火种

再说抗战时期双十中学内迁平和县阶段。平和县是革命老区。一九二八年平和起义，领导起义的朱积垒、朱思思都是从广州农民运动讲习所出来的。还有在厦门沦陷后，厦青团撤离到漳州，分派到闽南各地。到平和县的厦青团队部设在平和双十中学校内，设有阅览室，组织学习马列主义书籍及抗日书刊。厦青团里面大部分是共产党人，是共产党领导的组织。厦青团的全称是“厦门青年抗日铁血团”。

双十中学内迁平和时期的校舍

双十中学内迁平和县期间，仍然保持并发扬爱国主义的革命传统。当时就有张三族、陈其坚等人在琯溪一带活动，组织农民读报组、学生读报组，教唱抗日救亡歌曲。陈其坚进入双十中学就读后，带领部分学生积极参加各种进步活动。学校里的进步教师和学生组织“双十中学抗日救亡宣工团”，由教师吕建元负责领导，学生郑勉为秘书，约五十多人参加。宣工团内部有剧团、歌咏队等，以农民市民为宣传对象，积极组织各种形式的抗日活动。后来又组织“慰问南方游击队编入新四军北上抗日宣传队”，还发动数十个青年学生参加新四军，随军北上抗日。

一九三七年抗日军兴九月学校内迁平和县成立平和分校坚持学习并参加义捐义卖支援灾区和前线等抗日活动影响很大

平和分校

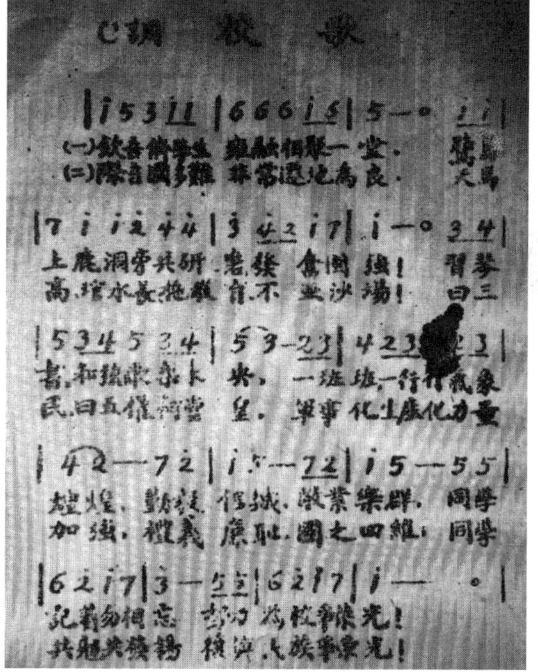

内迁平和时期的校歌

三、解放战争时期，“双十”师生的爱国壮举

抗战胜利后，黄其华、张圣才先生从菲律宾回国，张圣才一九四五年回国后一直在想办法摆脱军统的影响，努力扭转自己“军统”的不好形象。当年张圣才参加“闽变”，与陈铭枢有一定关系，抗战胜利时张圣才在重庆参加陈铭枢的三民主义同志会，这算是个追求进步、反对独裁的进步组织。这是“民革”组织的前身，黄其华也参加。他俩属于“民革”。后来“民革”把张圣才介绍给潘汉年，从此，张圣才就在中共领导潘汉年直接领导下进行革命工作。张圣才先生从事的工作主要是两个方面，一是策反，一是营救。策反成功的有龙岩先后两个专员的起义。这次策反是成功的。

国民党的陈仪省长来福建时办过一所警官学校，叫闽警班。警官学校第一期毕业的学生会会长叫刘浑生。张圣才通过这个渠道，策动一大批在福建各地当警官、警察局副局长、局长的闽警起义。这些策反也是成功的。营救工作方面，我知道的就有张圣才成功营救厦门大学王亚南等四位同志脱险逃往香港的事。临近解放，王亚南等四人要转移到香港，可是当他们在船上时，被扣留了。地下党及时通知张圣才前去营救，张圣才立即乘坐快艇赶到船上，利用其军统少将的身份，顺利地让王亚南等四位同志安全脱离虎口。

解放后因为潘汉年的事件，连累到张圣才也被抓捕，就是因为潘汉年有很多事情与他有关系。

张圣才口述一书中曾经写到，双十中学有一个学生叫林甫被

国民党抓了。这个名字有可能记错，也有可能是化名。其实那个学生叫林宝全，双十复高第二届的，因为上街贴“约法八章”标语被国民党兵抓了。关在双十中学里，当时的双十中学被作为国民党军的兵营。林美玉（双十复高第二届学生地下党员）去找张圣才，请他营救。张圣才就去找警备司令部参谋长林梦飞与刘浑生，到双十中学军营把林宝全押到警备司令部，然后由许祖义担保解救出来。张圣才先生虽然不是共产党，但他一生是非分明追求进步，拥护真理，是个爱国老人。

解放战争时期双十中学有个黄卫世老师，是老共产党员。抗战时他在漳浦教书时，他有个学生叫程序，解放后曾任福建省委书记、人大委员长主任。程序是黄卫世入党的介绍人。在双十中学黄卫世还发展阮西湖入党，阮西湖是双十复高二届学生，后来是在中国社科院工作。

（一）“双十”学生参加中共组织，积极参加反蒋斗争

首先介绍黄猷学长，他是读过双十小学的学生，他是一九四六年抗战胜利后受党指派，第一个进入厦门搞地下工作的党员。当年他才二十左右岁，大学读一二年级吧。为了掩护身份，他在鼓浪屿龙头路开办了一家启新书店，与香港联络，输入进步书刊。他请同学林华帮忙看店，林华就是后来厦门检察院检察长。他自己一边在英华中学教书，搞地下活动，发展组织，又一边到厦门大学寄读，开展地下活动，又发展了组织。黄猷学长的工作跟双十学校创办人马侨儒先生“一马三鞍”的工作何其相似！跟

马侨儒先生传下的爱国红线是一脉相承的。

当年毛泽东发表《新民主主义论》，提出中国走什么道路向何处去的重大问题。这是一个很重要的政治文件，但是当时厦门仅有黄猷书店从香港输进来的唯一一本书，不够全省广大地下党组织学习的需要。党组织要求黄猷想办法多多印制。在当时国民党严厉打击共产党的严酷白色恐怖下，黄猷先生千方百计筹钱、找关系，想办法印制了一千本《新民主主义论》，提供给全省党组织。这是拿着生命做的工作，只有信仰坚定的人才能做到。

再说我们双十中学复高第一、第二届的学生，受党的影响积极参加革命斗争。当时想要参加地下党，必须具备的条件，首先一条必须下决心为共产主义奋斗终生，决心随时准备为共产主义事业献出生命，永不叛党。回想我们一个班三十人中参加地下党组织的就有十一人，其中参加中共（闽西南）地下党七人，他们是曾春晖（黄永华）、邹木昆、林大宪（林中虎）、张××、陈若毅、纪慧如、李玉洁（柯晞）。参加中共（闽中）地下党四人，他们是蔡师雄、邱永清、林嘉禾、叶达青。没加入组织但积极参加活动的革命群众有七人，总共十八人参加革命。据复高第二届的施祖烈同学介绍，复高二届学生参加中共（闽中）地下党有二十二人。另有方汉生同学，当年他年纪还小，是革命群众，跟着地下党一起活动，到游击区参加革命。

在学校，这批人的任务第一是学习党的文件，第二是宣传党的政策，要积极参加学校游行示威等进步活动。临近解放时，上级党组织下达任务，要求参加闽西南地下党的同志去安溪打游击，配合当地的地下党与游击队。一九四九年五月解放了安溪，在解放的庆祝大会上演说的是我班同学李玉洁，她是安溪人，这事轰动一时。作为同学，我们听说了都很激动和骄傲。

（二）献身人民解放事业，升华爱国主义精神

我们闽中地下党的主要任务就是配合我人民解放军解放厦门，围绕这个中心开展工作。一九四九年八月二十一日，因为蒋介石要张圣才去台湾“谈话”，张圣才就跑了，后来林梦飞也跑了，刘浑生也跑了。蒋介石发现不对，马上把厦门警备司令李良荣的部队调到金门，刘汝明部队进驻厦门，毛森调入厦门任警备司令，八月三十一日毛森到厦门大学抓共产党，一下子抓了十一人。 九月初，毛森把其中的四个共产党人（一个厦门大学学生修省，三个厦大职工）抓到美仁宫附近的“鸽子空”（曾是厦门看守所）那里枪毙。同时厦门《江声报》等报纸都刊登厦门警备司令部的通告，要所有共产党人自首，否则一抓到就格杀勿论，如有包庇被举报也一律格杀勿论。

我的单线领导叶绍书（市工委委员）于一九四九年九月初找我谈话，说上级指示，大部分人要撤往游击区，你有任务，要潜伏厦门，配合我人民解放军解放厦门。他问我，解放厦门的登陆突破口选在哪里最好？我说，在禾山的殿前、寨上一带最好，理由是那一带蒋军的防卫较松弛，该处地势较平坦，易于登陆。我说，日寇陷厦时，我的邻居周某的家属从内地偷渡来厦门投靠他，就是由殿前、寨上一带海面偷渡来厦的，日军与汪伪军都没有发

现，说明该处是安全的。叶绍书说，他马上要离开厦门，今后仍然由他领导我工作。可喜的是，厦门解放时，解放军登陆的第一面军旗就插在殿前的神山上。

叶绍书到游击区后，就指示我去搞到厦门市地图，而且多多益善。当时我身无分文，还想到如果买到地图，要带过关卡也不安全。后来我想到一家早已倒闭的“全禾汽车公司”，这公司的车票印张很大，背面印有厦门简单地图、行车路线等，可供利用。我设法弄到十多本车票，每本一百张，送交叶绍书。

一九四九年九月初，叶绍书又来“特急”指示，要我想尽办法取到刘汝明兵团在厦门的兵力布防情报！原因是，解放军原定一九四九年九月底要解放厦门，但到一九四九年九月初，由于原驻守厦门的李良荣兵团突然调离厦门，而由刘汝明兵团接防，对其兵力布防情况，解放军与地下党都尚未掌握。

欢送张世泽同学

我知道此事关系重大，不惜拼死也要去一搏。经过几天的反复考虑，最后找到已经被策反起义的我的四哥，一起到刘汝明兵团的政工室主任处，智取了刘汝明兵团在厦门的兵力布防的最新、最全的情报，及时由交通员陈顺言安全带离厦岛带交党组织。算是我完成了党交给我的任务。厦门终于在一九四九年十月十六日解放了！

我当时算小巴拉子（小年轻），但是我尽我的力量去做，问心无愧。老学长黄猷曾经跟我说过，我们为了信仰而参加革命，拿出我们所能拿出的一切，甚至献出我们的生命，从来不想从中拿什么好处。我们这些人就是这样。

在中共厦门大学委员会党史编委会编辑、厦门大学出版社出版发行、福建教育出版社印刷厂印刷的《永恒的浮标——厦门大学党史大事记（1921-1949）》（1989年5月第1版　1989年5月第1次印刷）一书中，对于我和其他同志们在厦门解放前夕的这一段斗争历史，留下了以下记载：

“（1949年）6至8月　闽中厦大党组织开展搜集军事情报和策反工作(主要由吕建和、林嘉禾等党员承担)，还发动全体党员进行对厦门国民党机关及其负责人情况的调查工作。厦大地下团也也积极开展策反工作，主要对象是军政部门。”

对此，我感到无比自豪。也感到非常欣慰！

（三）久居海外不忘国家振兴的双十校友叶氏兄弟

我还要特别介绍我们双十中学的两位老校友老学长。

他们是叶晨晖、叶晨曦俩兄弟，福建南安人，一九四六年至一九四九年就读于厦门私立双十中学初中部，之后经台湾定居美国。

叶晨晖于一九六五年获美国康奈尔大学电机工程博士，一九七一年开发出中文激光照排印刷技术，是中文印刷技术的革命。

叶氏兄弟于一九七一年在美国加州创办通用文字电脑系统公司，并在台北设立分公司，生产中文激光照排印刷机。当年香港《文汇报》台湾《联合报》均采用其设备，名闻海内外。

一九八六年，叶氏兄弟在厦门创办美国通用电脑公司厦门分公司，推广普及电脑方面的知识，并大力帮助家乡提高激光照排印刷技术水平与通信技术水平。叶氏兄弟虽久居海外，但热爱祖国热爱家乡的心不变，其赤子之心难能可贵！

以下三则材料是有关叶氏兄弟中的叶晨晖的，可见其生平事略，稍作展示，因为是外刊，整理因旧，得见原貌，以供读者采择。

第一则报道来自台湾中华书局一九七八年出版的《当代名人录》，题名为“叶晨晖先生”，内容大意为：一九三四年四月三十日生，福建南安人，于台湾中学毕业后赴美就读。一九五五年卒业于美国诺斯若普航空学院航空机械科及飞行科，一九五九年卒业于美国诺克斯堡陆军装甲兵学校军官训练班，一九六〇年获美国维吉尼亚军事学院理学士。一九六三年获康乃尔大学核子工程硕士，一九六五年获康乃尔大学哲学博士（电机工程）学位。

一九五五年至一九五六年，任职美国史利克斯航空公司，一九六〇年之一九六一年，任职美国艾利司卡尔茂公司，从事核能发电厂之控制系统设计工作。一九六六年到一九七一年，任职于美国国际商业机器公司，历任该公司电脑系统工程师，驻纽约州自动控制工程师，美国东部十三州地区控制工程师，控制系统发展中心顾问工程师等职。撰著关于核能及电机工程论文，多刊于国外各学术杂志。

叶氏经十五年之研究，发明中文资料电脑处理及通信系统，中文电脑印字机，汉字光电输入电脑方法等九种，获得美、英、加等多国之专利权。于一九七一年在美国加州创设通用文字电脑系统公司，制造中文电脑，并于台北设立分公司。

叶晨晖辞世　享寿81岁

湾区政治军事评论家、科技人

记者李荣/桑尼维尔报道

湾区政治军事评论家，也是科技人的叶晨晖，惊传过世的消息，享寿81岁。亲友在本报发布了讣闻，计划于28日在

葉晨暉辭世　享壽81歲

灣區政治軍事評論家、科技人

記者李榮／桑尼維爾報導

灣區政治軍事評論家、也是科技人的葉晨暉，驚傳過世的消息，享壽81歲。親友在本報發布了訃聞，計畫於28日在南灣的阿拉米達殯儀館舉行禮拜，隨後安葬。

負責接洽訃聞的親友27日轉達家屬意願，感謝外界關心，但是婉拒受訪。

葉晨暉是少數美國軍校出身的華人，曾在維吉尼亞軍校就讀，算是名將孫立人的學弟；後來又到康乃爾大學深造。他在70年代開發出簡化中文排版與印刷的技術，革命性地翻轉中文印刷；幾年前他受訪時，還很驕傲地說，「聯合報當時也是用我的系統。」

聖荷西信使報2012年也專題報導過葉晨暉的Ideographix公司。當時的描述是：「在電腦革命沖淡了他們的創新以前，葉晨暉的業務在亞洲取得很大的成功。自此之後，葉晨暉並未做過任何更改。走在Ideographix的辦公室間，宛如置身1980年代。大地色系的辦公室，大廳牆上裝飾著多彩的幾何裝飾，一本還印有蘋果公司共同創辦人沃茲尼克（Steve Wozniak）電話號碼的聖荷西市1988年版的電話簿。」

葉晨暉念過軍校，平時也喜歡研究地緣政治，經常以生動的語言在媒體分析國際情勢。之前利比亞局勢不穩時，他就描述強人格達費是「21世紀的孫悟空」，戲法很多，要大家等著看。他的離世，留給朋友無限的懷念。

葉晨暉攝於他自創的科技公司前。公司在桑尼維爾。　　（本報檔案照片）

南湾的阿拉米达殡仪馆举行礼拜，随后安葬。

负责接洽讣闻的亲友27日转达家属意愿，感谢外界关心，但是婉拒受访。

叶晨晖是少数美国军校出身的华人，曾在维吉尼亚军校就读，算是名将孙立人的学弟；后来又到康乃尔大学深造。他在70年代开发出简化中文排版与印刷的技术，革命性地翻转中文印刷；几年前他受访时，还很骄傲地说，“《联合报》当时也是用我的系统”。

圣荷西信使报2012年也专题报道过叶晨晖的Ideographix公司。当时的描述是：“在电脑革命冲淡了他们的创新以前，叶晨晖的业务在亚洲取得很大的成功。自此之后，叶晨晖并未做通任何更改。走在Ideographix的办公室间，宛如置身1980年代。大地色系的办公室，大厅墙上装饰着多彩的几何装饰，一本还印有苹果公司共同创始人沃兹尼克(Steve Wozniak)电话号码的圣荷西市1988年版的电话簿。

叶晨晖念过军校，平时也喜欢研究地缘政治，经常以生动的语言在媒体分析国际情势。之前利比亚局势不稳时，他就描述强人格达费是“21世纪的孙悟空”，戏法很多，要大家等着看。他的离世，留给朋友无限的怀念。

看大阅兵　想到叶晨晖

南湾科技人 叶晨晖过世了，享年81岁，追思会在上周五举行，平静低调。

34 灣區綜合　2015年9月3日 星期四 THURSDAY, SEPTEMBER 3, 2015　worldjournal.com 世界日報

看大閱兵 想到葉晨暉

南灣科技人葉晨暉過世了，享年81歲，追思會在上周五舉行，平靜低調。

葉先生曾是我經常請益的對象。911恐怖攻擊、小布希出兵伊拉克，連串和軍事相關新聞裡，葉晨暉因畢業於維吉尼亞軍校（VMI），資歷在華人圈裡極特殊，觀察和解說顯得寶貴，他在桑尼維爾的公司成為我常造訪之處。

公司占地很不小，但每次去都只見葉一人，公司如處冬眠狀態。他念完軍校還到康乃爾大學拿了博士，在70年代開發簡化中文排版與印刷的技術，他指著老照片對我說：「聯合報當時也是用我的系統。」昔日光華對照一個人守著偌大辦公室與工廠的今貌，明顯感受到科技腳步飛快又殘酷。

孫立人將軍是葉晨暉的父執輩，1957年，孫將軍替葉晨暉寫介紹信，促成葉進入孫的母校就讀。葉晨暉告訴我，維吉尼亞校園只三位傑出校友設專櫃——馬歇爾將軍、巴頓將軍，「另一個就是我們的孫立人將軍！」

孫立人在台灣被軟禁32年，台中向上路故居2010年改為紀念館，玄關一幅孫將軍的畫像，即是學弟葉晨暉延請畫家劉秉江畫的。葉晨暉常對我說：「孫立人是今之岳飛！」

命運安排，葉晨暉走完人生路正是中國紀念抗戰勝利70周年舉行大閱兵之前。論到抗日戰爭，研究軍史的葉晨暉講的美國空軍巴柏（Rex T. Barber）當年打下日本「戰神」山本五十六的故事，令我震撼又感動。他和巴柏跨族裔、跨文化的忘年之交，使得巴柏喪禮中，家屬特邀他去為600多賓客談巴柏生平。

巴柏的家鄉俄勒岡州將一座97號公路上的橋以這位空軍英雄命名，命名典禮也是請葉去介紹巴柏事蹟，俄勒岡州長庫隆高斯基當時還說，很多政要致詞都被要求簡短，「但是葉先生不論講多長都可以。」美國軍方很念舊，巴柏告別式和巴柏橋命名都出動軍機低空盤旋致敬，懷想當年中美並肩打日本，葉晨暉每每激動不已。

巴柏和葉先生交情深，因為巴柏曾在湖南岳陽被日機擊中，跳傘救生，被兩個中國孩子解救回村落，以土法救回一命。葉晨暉為尋找巴柏的恩人，特別跑一趟湖南，總算為找到這位「榮志洲」。巴柏專程請恩人來美國，而榮卻在出發來美前五天車禍過世。巴柏為此老淚縱橫。

北京大閱兵之時，懷念戰火中的真情，想到當年對我說這些真情故事的葉先生自己也已走入歷史，一種蒼涼和人類渺小之感，油然而生。至願世界和平，人間不再有戰爭。

（作者黃美惠，世界日報舊金山社總編輯，mhuang@chinesenews.com）

叶先生曾是我经常请益的对象。911恐怖攻击、小布什出兵伊拉克，连串和军事相关新闻里，叶晨晖因毕业于弗吉尼亚军校（VMI），资历在华人圈里极特殊，观察和解说显得宝贵，他在桑尼维尔的公司成为我常造访之处。

公司占地很不小，但每次去都只见叶一人，公司如处冬眠状态。他念完军校还到康乃尔大学拿了博士，在70年代开发简化中文排版与印刷的技术，他指着老照片对我说：“《联合报》当时也是用我的系统。”昔日光华对照一个人守着偌大办公室与工厂的今貌，明显感受到科技脚步飞快又残酷。

孙立人将军是叶晨晖的父执辈，1957年，孙将军替叶晨晖写介绍信，促成叶进入孙的母校就读。叶晨晖告诉我，维吉尼亚校园只三位杰出校友设专柜——马歇尔将军、巴顿将军，“另一个就是我们的孙立人将军”！

孙立人在台湾被软禁32年，台中向上路故居2010年改为纪念馆，玄关一幅孙将军的画像，即是学弟叶晨晖延请画家刘秉江画的。叶晨晖常对我说：“孙立人是今之岳飞！”

命运安排，叶晨晖走完人生路正是中国纪念抗战胜利70周年举行大阅兵之前。论到抗日战争，研究军史的叶晨晖讲的美国空军巴柏当年打下日本“战神”山本五十六的故事，令我震撼又感动。他和巴柏跨族裔、跨文化的忘年之交，使得巴柏丧礼中，家属特邀他去为600多宾客谈巴柏生平。

巴柏的家乡俄勒冈州将一座97号公路上的桥以这位空军英雄命名，命名典礼也是请叶去介绍巴柏事迹，俄勒冈州长库隆高斯基当时还说，很多政要致辞都被要求简短，“但是叶先生不论讲多长是都可以”。美国军方很念旧，巴柏告别式和巴柏桥命名都出动军机低空盘旋致敬，怀想当年中美并肩打日本，叶晨晖每每激动不已。

巴柏和叶先生交情深，因为巴柏曾在湖南岳阳被日机击中，跳伞救生，被两个中国孩子解救回村落，以土法救回一命。叶晨晖为寻找巴柏的恩人，特别跑一趟湖南，总算为找到这位“荣志洲”。巴柏专程请恩人来美国，而荣却在出发来美前五天车祸过世。巴柏为此老泪纵横。

北京大阅兵之时，怀念战火中的真情，想到当年对我说这些真情故事的叶先生自己也已走入历史，一种苍凉和人类渺小之感，油然而生。至愿世界和平，人间不再有战争。

我用我的记忆，为双十的历史提供了鲜为人知的校史片断，这是义务，也是责任。

我想：作为一个老校友、作为一个为曾经经过多年磨难的革命者，作为一名曾经的国家工作人员，作为一名老共产党党员，我所口述的这些内容，是在为一所学校、一所给我知识的学校、一所我在此参加革命的学校，在尽自己的菲薄之力，我在填充着不该忘却的往事，充实着不容曲解的内容，这是权力，更是担当。

我再次重复我用心口述的初衷：

作为双十的校友，要懂得珍惜母校的历史，就像珍惜自己的生命；作为双十的校友，要永远珍爱母校的传统，就像珍爱自己的家庭；作为双十的校友，要秉持校训精神，勤毅信诚，自励自信，务实求真；作为双十的校友，要唱好母校校歌，用心寄情，爱校爱国，真情不泯！

下篇　专稿

陈嘉庚研究之四
民主堡垒　革命摇篮
——集美学校与厦门大学
福建文史资料
第二十辑
张圣才口述实录
爱国奇人张圣才
蔡燕生 着
博爱人生
抗日英杰
谍海奇才

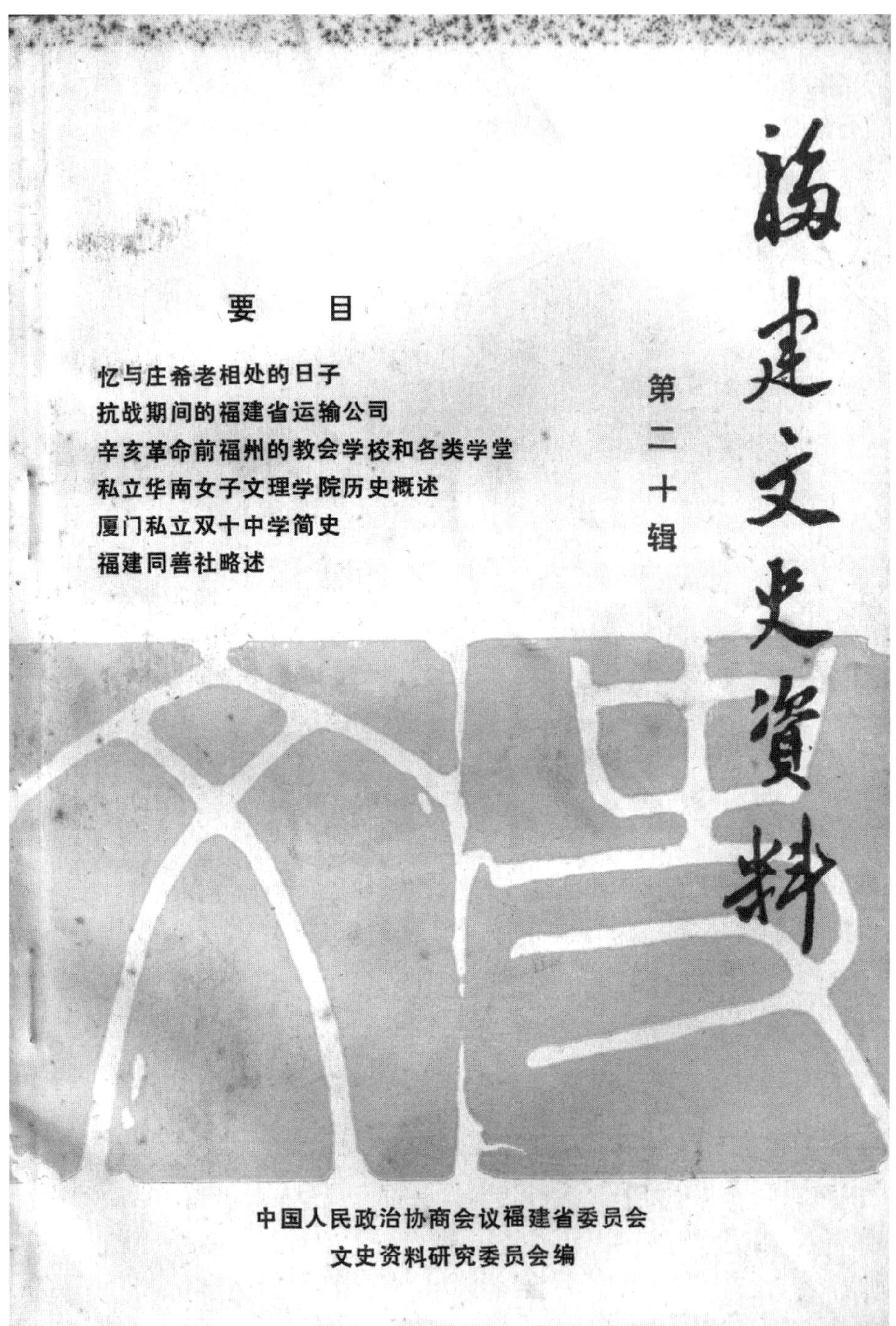
福建文史資料
第二十辑
要 目
忆与庄希老相处的日子
抗战期间的福建省运输公司
辛亥革命前福州的教会学校和各类学堂
私立华南女子文理学院历史概述
厦门私立双十中学简史
福建同善社略述
中国人民政治协商会议福建省委员会
文史资料研究委员会编

专稿一：

厦门私立双十中学简史[1]

厦门私立双十中学创办于一九二〇年“双十节”，一九五六年秋季由人民政府接办改为公立止，有三十六年的历史。

黄其华

一九二五年我到校服务，先后担任教务主任、校长、校董、董事长，与双十中学(以下简称“双中”)有长达三十二年的关系。现尽自己记忆所及并根据吕建元、郑勉、萨兆琛、陈实等同志提供的资料，把双中的历史作一概述如下。

（一）

双中的创办人是马侨儒先生（教会办的厦门廻澜书院毕业，曾任厦门养元学校、三育学校教师）。一九二〇年，马先生以厦门为我国东南重要商港，认为在此创办一所商业学校培养商业人才，诚属必要，乃在蔡鹤友、白嘉祥、林昭荣、余金隆、杨辉煌等商界人士热心赞助下，筹得开办费千余元，租赁霞溪仔民房作临时校舍，于是年十月创办了“双十商业学校”（系乙种商校）。马侨儒自任校长，先设初级两班、高级一班，学生六十余名。校

1　原载《福建文史资料》一九八八年第二十辑，作者黄其华。

中设备，因陋就简。

翌年，菲律宾华侨林珠光（马尼拉云梯实业公司总经理）与厦门商界人士石鼎宗、卓全成、林怡山、杨天乞、陈福星、陈清吉、高敬廷等相继被邀为校董。乃倡议建筑校舍。林珠光首先倡捐八千元，马来亚华侨刘育才捐助一千元，厦门诸校董捐助数千元，于前清箭场仔奠定校舍之基。新校舍为四方形，上下两层，有八间教室，每间可容学生五十六人。一九二三年春迁入，仍因旧制。

一九二四年春改校名为“双十商业中学”。学制为四年，并附设预科（两年毕业）。是年只设商中一年级一班，学生十二人；预科一年级、二年级各一班，学生三十余人。当时因新校址在福师公岭之下（校舍坐南朝北），西、南两面公墓累累；且校前箭场系清末时的刑场，场边坟冢相接，环境荒凉，更以校誉未立，就学者寥寥无几。

一九二五年春季，设商中一年级、二年级两班，预科一年级、二年级两班，学生共计六十余人（预科只设两年，本年度后即不招生）。是年我应聘担任第一任教务主任。当时学校组织非常简单；校长、教务之外，设会计兼文书一人，庶务兼图书室管理员一人，专任教师五人，兼任教师三人，全校教职员共计十二人。在初创阶段，物质条件甚差，但大家能克勤克俭，通力合作，共同克服困难。

一九二一年，林珠光由菲携款十余万元回国，在其家乡厦门禾山前埔村创办一所云梯中小学，以纪念其先翁云梯先生，聘请马侨儒兼任校长。马校长亲自擘划，巨细不遗，身负两校重任，备尝辛苦。一九二五年四月间，林珠光邀请马校长前往菲律宾马尼拉休养，并顺途考察菲岛教育。马校长在菲逗留三个月，风尘仆仆，积劳成疾。回国后，于八月间不幸逝世。双中校董会为纪念马校长功绩，把他的遗体安葬在校内，又把第一座新校舍命名为“侨儒楼”，以资追念。

马校长去世后所遗职务，校董会推我担承。我系初出校门的学子，年青学浅，不敢接受重任，要求该会物色富有资望者充任。校董会乃于翌年春聘请厦门基督教青年会总干事王宗仁兼任校长。王每周到校巡视两小时，校中用人行政及一切校务均由我以教务主任名义代拆代行。

一九二七年二月，为增强校董会的作用，以有利于学校的发展，校董会改行董事长制，由林珠光先生担任第一任董事长，余金隆、石鼎宗，白嘉祥、杨辉煌四先生担任常务董事，常年经费大部分由林董事长捐助。

同年春季，开始招收女生，开厦门私立中学实行男女同学之先河。是年只收八名女生，占全校学生数的十四分之一。以后逐年增加，几年之间，女生人数即达学生总数的五分之一强。

（二）

一九二七年秋季改行新学制，分为高中、初中两部，各三年毕业，并改校名为“双十中学”。原有四年制商科尚有四个班，截至一九三一年一月全部毕业后，不再招生。

双中于一九二四年改办为商业中学后，兼收漳泉各县寄宿生。第一年只有寄宿生七人，嗣因闽西与广东大埔、梅县、汕头等地亦有人来校就学，到一九二八年已增加到六十余人。初期划出侨儒楼的两间房为学生宿舍，以后又租用附近民房，管理上殊感不便。一九二八年四月，林珠光捐建一座学生宿舍（占地五十方丈，可容学生一百一十六人），命名为“珠光宿舍”。

一九三〇年七月，王宗仁因受青年会新制度的限制（不得在会外兼职），辞去校长职务。校董会聘我继任，并兼任总务主任。其他教职员均无更动，一切照常进行。是年初中第一届学生毕业后，又添办高中部。高中部设普通科、商科两班，学生共计五十余人；初中部每学期招生，计有六班，学生二百二十余人。这阶段添置了大批理化仪器和化学试剂，以应高中学生分组实验的需要。

自改校名为双十中学以来，新生录取标准逐渐提高，对升级、毕业的成绩也要求较高，在课室纪律、考试制度以及寄宿生与通学生的生活管理等方面为从严要求，学校因此博得了“教学认真”的美誉，受到社会各阶层的重视，学生数也逐年增加。

马校长在世时，曾把林董事长赠予的校长住宅的楼下全部让给学校作小礼堂，同时又可充作音乐教室及大班教室之用，可容二百人。后来添办高中，生数增加，小礼堂容纳不下，又因添置了大批图书，遂把这个小礼堂改作图书馆。同时发动全校师生利用课余时间，在南面一片荒冢上轮流清除积土。历时三个月，开辟出一块四十方丈的平地，用木料建成一所临时礼堂，可容四百余人。

双中一向不专设膳厅，而以木板搭盖简陋的厨房、浴室。当学生与教职员宿舍设在侨儒楼时，即利用该楼中间走廊为膳厅。珠光宿舍落成后，也利用宿舍走廊为膳厅。临时礼堂建成后兼作膳厅。

（三）

一九三一年二月，省教育厅规定，在私立学校校董会的成员中，文教界人士须占二分之一，双中乃于是年改组校董会。我以厦门大学教育学院院长孙贵定、教育系教授朱君毅、中文系教授黄鸿翔、文学院院长周辨明和法学院院长区兆荣在教育界享有威望，建议校董会聘为校董。教学问题，亦多向他们请教。同时举办学术演讲会，每周邀请厦大的名教授来校作专题演讲。

我当时主张，要办好学校就须注意三点，一是须有完善的教学设备，二是须有优秀的教师，三是须有用功的学生。这三点中以第二点为纲，因为有了优秀的教师，才能培养出优秀的学生；有了认真负责的教师，才能有用功的学生；有了苦干、实干的师生，就一定能克服一切物质上的困难，并为自己创造出必要的物质条件。

同年秋季，教务主任王蕴玉得林董事长的资助，前菲律宾大学研究院学习。我改聘美国俄亥俄大学文学士、哥伦比亚大学教育学院研究生、我中学时代的老师林求源担任教务主任，又聘请交通大学毕业的徐一贯担任数学教师，我中学时代的老师潘翊珊担任语文教师，协和大学化学系助教林振骥担任化学教师。这四个教师的薪水较高（林求源、徐一贯两人的薪水比校长还多些），他们和老教师萨兆琛、陈鸿翔都是福州籍，都深得学生的信仰爱戴。

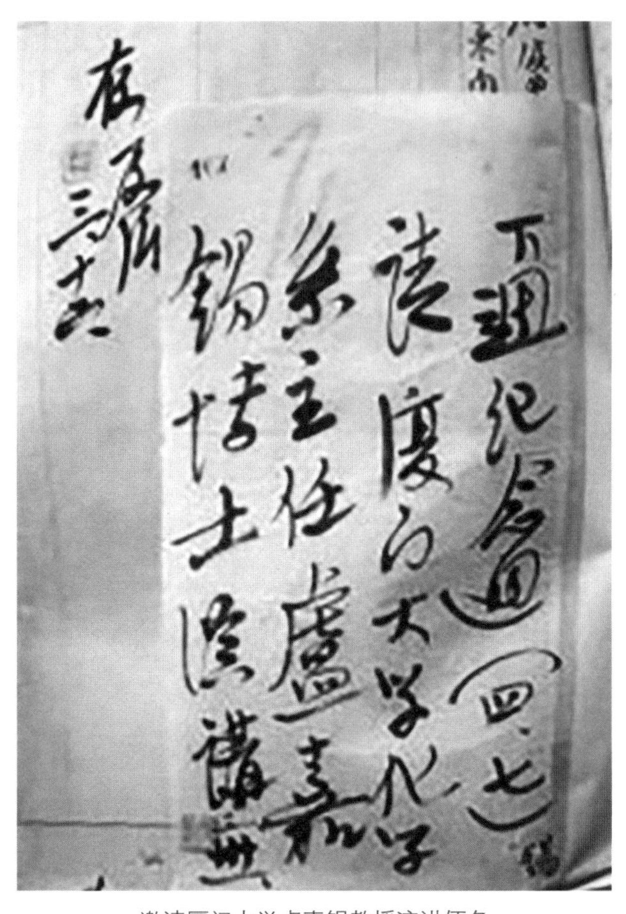

邀请厦门大学卢嘉锡教授演讲便条

当时，学校的训育主任是康殷才。康是我集美师范的班友，我到校的第二学期即聘他为兼任算术教师，翌年改为专任教师兼教国民党“党义”。一九二七年，他经国民党厦门市党部检定为合格“党义”教师，并搭上“中统”关系，旋即担任第一任训育主任。因学生自治会归训育主任指导，他得以跟一部分学生建立了密切的联系。康于一九三〇年秋季介绍由厦大理学院毕业的陆廷桢担任数理教师。陆也颇得学生的信仰（他以此自负不凡），可惜心胸狭窄，对福州籍教师受到学生欢迎甚感不服。

一九三二年四月间，林振骥在初二下甲组上化学课时，在黑板上写了一道公式，“盐酸加铜可制出氢气”。一般制氢都是以硫酸和锌化合，而盐酸比硫酸弱，铜又不能与氯一下化合，所以化学教师一般都说盐酸加铜不能制氢，但在加热和长时间接触的条件下是可能的。林振骥就此进行试验并取得成功，所以敢写在黑板上介绍给学生。陆廷桢在课本上只看到“硫酸加锌可制出氢气”，一看到黑板上的公式，就认为捉短的机会到了，马上往照相馆请来照相师，到教室把林振骥写的这道公式拍下来，一面打电报到湖南大学请教前厦大理学院院长兼化学系主任刘树杞博士。电文非常简单，只问“盐酸加铜能否制氢”，而不提“加热”和“长时间接触”这两个条件（可能陆还不知道这一点）。当然，刘树杞的复电也甚简单，只答“不能”两字。

林振骥的老师是协和大学化学系主任，是道地的洋博士（美国人）。他认为林振骥的公式是对的，并对他的高足具有大胆研究精神而大加赞许。陆廷桢认为在自己这方面若没有同样道地的洋博士出面，就不足以服众。那时他的厦大同学颜迺卿正在菲律宾大学研究院学习，遂打同样的简单电报托颜请教菲大化学系主任。复电是“Impossible”(不可能)。陆廷桢手执中西两博士的电报，认为胜券在握，得意洋洋，即跟康殷才讨论对付的策略，给林振骥扣上“教课错误，误人子弟”的帽子，并由康指使学生自治会代表向我提出林振骥的“确凿罪证”，要求我把他辞退。我答以事关科学研究，须行调查实际情况，即使教错了，也允许更正，毋须把林先生革职，何况，林先生已在教室内做试验给学生看过了。但陆廷桢故意对学生说:“试验时是用硫酸，不是盐酸。难道中美两个老教授还不如一个中学教员吗?”因此，学生会代表仍然吵闹不休。

我将经过情况向教育局报告，请示处理办法。教育局建议请厦大理学院院长兼化学系主任张资珙博士携带实验仪器和药品，到校向全体学生当场试验，以释群疑。我即亲往厦大与张院长商量，他毅然承诺，约定来校作公开演讲并当场实验（前此，陆廷桢已早我几天到厦大请教张院长，张带他到实验室当面做实验给他看过。但陆廷桢秘而不宣，仍坚持他的错误意见）。四月下旬某日（具体日期已忘）下午三时，由林振骥往厦大迎接张院长到校，教育局也派员参加。各报记者认为这是一桩新鲜而有趣的新闻材料，也作不速之客。陆、康两人怕当场出丑，对张来校事前多方阻挠，临事又布置学生嗣机行动。张院长由我与陆、林等教师及教育局代表、新闻记者等十余人陪同到会客室休息时，康殷才所布置的学生在室外围观。陆廷桢凭藉有课本为依据并持有港大、菲大两复电，疾言厉色地向张院长提出质问。张有点不耐烦，很严肃地对他说:“研究科学不能死啃书本，我前天已就林先生所写的那道公式做实验给你看了。你今天还喋喋不休，这是不够虚心的。”陆原拟在学生面前卖弄“才学”，今给张院长教训几句，弄巧成拙，便恼羞成怒，态度更坏了。张院长在不能以理喻的情况下，索性揭陆的老底，对他说:“你在厦大时只选修化学三学分，而且成绩只得六十分，勉强及格，这说明你对化学这门科学不感兴趣。这个实验问题现在需要进一步研究，用主观的态度是不能解决问题的。”康殷才在门外听到这里，便发动学生大喊大叫起来，“你怎么这样侮辱我们的老师”，“这是什么博士”，甚至有人喊“打”。一时秩序大乱，演讲会开不成了，康、陆总算达到了目的。

我护送张院长回厦大后，即返校召开校务紧急会议。有正义感的教师与学生对康、陆及其所指使的几个学生的行为咸感不满，校务会议议决开除为首学生林莲洲、任国梁、程辉煌、陈泽底等七人学籍。康殷才遂鼓动学生罢课，提出辞退福州籍教师和收回开除学生成命的要求。我对这种出于地域偏见而打击优秀教师，危害学校的行为深为愤慨，告诉他们：“我有公理，有良心，校长可以不干，但绝不能作无原则的迁就，接受这种是非颠倒的要求。”

康殷才发疯似的天天在校内吹哨子召集学生会干事及代表开会，贴标语，发传单，进行打倒福州籍教师的活动，并在他所住的雅化小学内设办事处，天天与陆廷桢及为首的学生开会讨论对策。罢课持续三星期后，他们在礼堂前悬挂长达两丈的白布大标语，其上红字赫然：“以铁血精神坚持到最后的胜利!”继之写匿名信，内画子弹，对我进行恐吓。五月十六日上午八时左右，我于访友回家途中，在周厝口巷内忽遭歹徒从背后枪击，左臂中弹，入海军医院治疗，旬日出院。虽经有关部门查缉，终无所获。上海《申报》及厦门各报对这次学潮报道甚详。科学杂志还就“盐酸加铜制氢”问题，相继发表了几篇论文。双中的“化学风潮”一时轰动省内外。实际上，这次风潮的实质不是化学问题，而是畛域偏见问题，当时福州籍师资阵容强盛，引起一部分闽南籍教师的嫉视，陆廷桢只是借机发难而已。这次学潮大伤了学校元气，并使学生学业受到很大损失。

“化学风潮”闹了一个多月，这学期于五月底提前结束。教务主任林求源，训育主任康殷才，事务主任张清泮，专任教师徐一贯、潘翊珊、林振骥、陆廷桢等均辞职他就。高中部不得不暂时停办，原有高二下、高一下学生发给转学证书，劝其转学。

一九三二年秋季，新聘北京高师毕业生雷芷京（安徽芜湖人）担任教务主任兼教数学，上海劳动大学毕业生何连玉（湖南衡阳人）担任训育主任兼教化学，由事务员陈尚贤（本校第一届商科毕业生）代理事务主任。何连玉不是国民党党部检定的训育主任，不得兼教“党义”，乃另聘市党部干事刘正平兼任“党义”教师。

这学期计设八班，学生二百五十余人。经全体教师认真教学，学生努力用功，学校面貌得以较快恢复，学生人数也逐年增加。一九三六年，教育厅举办全省第一次高初中毕业会考，我校初中应届毕业生三十一人参加考试。评定结果，我校获初中总成绩第一，学生周金龙、吴赐材、陈维馨分获第一、二、五名，成绩列在甲等者十二人。当时报上曾公布总成绩前5名的校名和获得个人前五名的学生姓名。

（四）

双中鉴于当时学校组织及教育方法诸多妨碍学生的全面发展，乃于一九三四年二月创行“生活指导制”。实验三载，取得一定成效。

兹将“生活指导制”的试行办法及指导原则，简略地介绍于下：

一、改革教学、训育、体育分立制度，实行教、训、体合一。依据青少年身心发展之程序，予以积极指导，务使成为德、智、体健全之青少年。

二、依据“教育即生活”之原则，对学生的自由活动加以指导。要求通过学习与教育的过程，促进生活，改造生活，使生活更能满足理想的要求。

三、励行师生共同生活，注重人格感化。

四、矫正教师偏重教书、忽视教人的观念。

五、教师应注意学生全面的生活，不论是专任教师、兼任教师还是职员，都称作“生活指导员”。要求全体生活指导员经常关心学生，接触学生，并须以身作则，做好榜样。

六、各班设生活指导主任（以下简称“生指主任”）一人。组织生活指导委员会（以下简称“生指会”），设主席一人、副主席一人至二人主持会务。原有之教务主任、训育主任、体育主任、舍务主任、教务员、训育员、舍务员等概不设置。

七、生活指导目标：（1）发扬民族精神；（2）锻炼健全体格；（3）陶冶高尚人格；（4）养成纯正思想；（5）注意纪律训练；（6）培养生产技能。每项大纲之下，均订有具体实施的细目。

为了更具体地帮助学生在日常生活中注意品德、学业及健康的发展，生指会印发“每日生活检查表”，内列二十项，由学生每日填报，由班长汇集缴交本班生指主任。生指主任根据检查表，及时给学生以必要的指导。生活检查表所列各项的名目具体而微，例如有以下各项：

今天照规定时间起床并作健康操（　）

温习过今天的课业（　）

预习过明天的课业（　）

今天喝过开水（　）磅
（按规定至少要喝三至五磅）

今天没有随地吐痰（　）

帮助做家务并自洗衣服（　）

今天没有浪费过一分钱（　）

今天做过一桩好事（　）

（做过的在括弧内打“√”，未做的打“×”）

双中试行生活指导制乃属实验性质，能否达到预期目的，有待于全体师生员工的共同努力。我对这个制度具有信心。实施的第一年，自兼生指会主席，把铺盖搬入学生宿舍，跟他们共同生活。凌晨率先于规定时间起床，带学生跑步到后山作健身操十五分钟，下午经常跟学生一起参加课外体育活动。全体教职员也同样地行动起来了。由于教师在生活上与学生打成一片，师生关系有了进一步的改善。

由于双中试行生活指导制有一定成效，厦大教育学会曾约我作专题演讲，介绍实际情况。另有内地几所学校来信或来人查询、参观。把他们提出的问题归纳起来，大略有如下几点，

一、何谓生活指导制

答：把过去学校的教务课、训育课、体育课、舍务课等一律取消，只设生活指导委员会，指导学生全部的生活。一方面矫正教师忽视训导责任的观念，明确除教书之外，还有教人的责任（换句话说，除传递知识外，还负有培养学生品格、指导学生思想的责任），一方面使学生注意自己的一举一动，改变以“上课读书”为唯一生活的观念。

二、生指会与学校的教导课有何不同之处

答：如果为实行教训合一而设教导课，那确能比较全面地管教学生。但教育厅规定，开设班级在五个以下的省立中学只准设教导课，班数多的学校，教务训育才实行分立（好像仍视分立为上乘似的）；而且在实行教导制的学校里，也设有舍务主任、体育主任。这样，会使学生误以为宿舍的生活和体格的锻炼与教导课的生活指导是截然分开的；同时给教师以错误的印象：寄宿生的生活管理是舍务主任和舍务员的责任，课外体育活动与有关学生健康的问题是体育主任与体育教师的责任，这些都与我无干。实行生活指导制度，则可

生活指导制

避免上述流弊。

三、训育主任制有何弊病

答：训育主任制最少有下列数弊：（1）训育课只设训育主任及一二训育员，以极少数人员来指导几百上千学生的活动，不免顾此失彼，庸碌者穷于应付，即使才优力强、办事勤勉者，也不免有焦头烂额、心力交瘁之感。（2）学生生活由训育主任等少数人负责，会使其他教职员对此项工作持旁观态度，并易生成学生与训育主任对立的现象。（3）训育主任任务繁剧，认真负责者易流于专横独断；反之，则敷行塞责，消极防范，以求无过。（4）训育制度实质上限制了学生身心的发展，谈不上对学生生活实行全面的指导。

四、级任制有何弊病?与生活指导制下的各班生指主任有何不同之处

答：级任原为教务课、训育课意图的贯彻者。惟在直接管理学生各方面生活的责任上，现行级任制的级任较生活指导制的各班生指主任要轻得多，因为级任上面还有教务主任及训育主任，事事都要请示，级任等于虚设。若将各班生指主任的工作逐项列出，便可看出他与现行制度下的级任在所负责任与工作范围上大有不同。生指主任须做下列各项工作，与本班学生共同生活；随时随地指导并考察本班学生之操行、思想、健康及学业；参加学生各种课外活动及其自治组织，并从中指导之，每周举行全班学生谈话会一次，每周最少与全班每个学生个别谈话一次；参加值周办公，并处理各班学

生偶发事项；轮值监督学生自修；核准本班学生请假；负责集会与自修时的点名；每周填报学生生活考察表，送交生指会主席（表放在办公室，供全体生指员参考）；填发本班学生成绩报告单；负责考察本班学生之纪律、服务、卫生、整洁及缺席等情况；召集与本班有关之生活指导（即担任本班各学科的教员）开生活指导会议；出席学生各种集会及集队。

五、生指会主席的职权与旧制的教务主任、训育主任或教导主任是否相等

答：否。生指会主席计划并处理会中日常事务，但在指导及处分学生的权限上与其他生活指导员完全相等。

六、生活指导员的职权如何

答：生活指导员对学生课业以外的各项活动实行指导，得随时随地纠正学生的不正当行为。如遇学生犯规须行惩戒者，可即时处理，并报告该班生指主任登记。如欲征求其他同事的意见，可提交委员会讨论。

双中所作的这种教育实验以其成效得到教育界同仁的重视，但是教育厅不予同意，驳回呈报的表册。他们认为这种生活指导制不合政府规定，并指责双中有意不用国民党市党部委派的训育主任（按当时规定，训育主任须经当地党部检定合格，未经检定或检定不合格的，各校无权自行聘请）。经过几次商洽，国民党市党部仍要指派党义教师到校担任党义课程（实际上是做党部的坐探，监视师生行动），三四年中，先后派市党部委员王琤民、

马仁波等兼任党义教师。

（五）

“化学风潮”结束后，全校新旧教职员团结一致，努力办学，学校很快就恢复了元气。一九三二年秋至一九三四年春，学生数从二百五十余人增加到三百五十余人。学生与家长纷纷请求恢复高中部，亟需扩建校舍。我遂于一九三四年五月间前往菲律宾宿务市向侨胞募捐建筑费，得宿务中华中学校长刘春泽、教务主任林振骥的赞助，由该校校董黄平洋、黄颖锥、吕希宏等带动工商界侨友热诚输将，计募得一万余元。九月间在临时礼堂原址建筑“菲律宾华侨纪念堂”一座，占地二十八方丈，楼分两层，下层为礼堂，可容学生八百人；上层为科学馆，设生物、化学、物理实验室及理化教学室等。

先是，厦门市路政处于前一年已把后山积土移填海堤。双中乃就原有地势，以石条筑成梯形平地，辟为球场及备作扩展建筑物之用。把临时礼堂移盖在华侨纪念堂左边，充为膳厅与劳作教室。翌年冬，胡文虎莅校参观，承其捐建“虎豹体育馆”一座，于一九三六年三月间落成，雄踞山头，颇具壮观。此外，又在校前旷地建筑木屋两座。东座为总办公厅，西座为会客室、美术教学室、音乐教学室。学校规模，渐见扩展。

一九三四年春季，初中应届毕业班学生参加全省毕业会考，成绩优异；加以实行生活指导制后，教师积极性进一步发挥，以及礼堂、科学馆建筑完成等，都为恢复高中部创造有利条件，遂决定于是年秋季恢复高中部。

二十世纪三十年代生物实验室

双中十年来选派学生代表参加全市性各种竞赛，成绩较佳。例如：一九二六年秋季、一九三一年春季先后参加厦门中等学校学生演说竞赛会，一九二九年春季参加厦门市中等学校学生作文竞赛会，均获团体优胜。一九三六年秋季，在厦门市政府主办的“厦门市中小学卫生整洁竞赛”中，双中获得中学优胜旗。

二十世纪三十年代理化室

双中对体育训练，素颇重视，但其目的乃借体育竞赛出出风头，提高校誉。曾参加全市、闽南地区和全省田径比赛，都取得较好成绩。例如，一九三三年九月在泉州举行闽南运动会，厦门队得总分第一名，其中双中运动员所得分数占三分之一以上。一九三五年全省第二届运动会在厦门中山公园运动场举行，厦门队得田径总分第一名，以双中运动员得分最多。在一千六百米接

二十世纪三十年代运动场

力赛中，厦门队得第一名，接力队的四个运动员都是双中学生。

一九三五年秋间，我带领双中男女篮球队到福州作友谊赛。女队赛两场，均获胜。男队连胜五队，最后又打败福州联队。双中球队的成绩引起省政府主席陈仪的注意，他派参议谢荫波来联系，并在省府议事厅亲自接见全体队员，招待茶点并留影纪念。在招待会上，陈仪询问学校情况甚详，事后给了两千元的补助费。这是双中在国民党统治时期第一次（也是唯一的一次）得到政府的补助费。其实，陈仪这样做，并不是“热心教育”，也不是为了奖励体育成绩，而是另有一番缘由的：当时，军统闽北站站长兼福建省保安处谍报股股长张超在其特务活动中，最感兴趣的是拉拢“民军”，借以扩大自己的势力，并以此在其头子戴笠面前显示他在福建有办法。同时，他对参加过“闽变”的人，也进行分化拉拢，双中副校长张圣才就是其中的一个。张早年参加旧民主主义革命，和闽南各界人士有广泛的联系，后来参加“闽变”，是“生产人民党”的重要成员，“九一八”事变后，在厦门奔走抗日救亡甚力，曾被国民党政府以“图谋暴动”及“阴谋捣毁日本驻厦领事馆”的罪名先后逮捕两次。张超认为此人尚可利用，企图拉拢他。当张圣才谈及双中经费困难时，张超就大肆夸耀自己“有办法”，自告奋勇向陈仪请求给双中补助。陈仪以区区两千元的补助费，既满足了张超的要求，又博得了“关心教育”的美名。此事对双中平时所标榜的“超政治”立场是一个很大的讽刺。我对此事讳莫如深，不敢向校内外人士暴露个中真相。

（六）

1936年秋季，双中添办高级职业学校，设商业、新闻两科。我曾在《双十月刊》第四期上写了一篇题为“本校添办高级职业学校之意义”的文章，说明双中添办职校的动机及其进行概况，也反映了我自已对当时的社会问题和教育问题的一些看法。为保存史实，把全文附录于下：

当前我国学校教育，可招致批评之点甚多，其间为一般教育同仁最感难以解决者，厥为毕业生的出路问题。统观全国青年，学得其用、用得其所者，有如凤毛麟角。“毕业即失业”一语，成为全国知识分子愤怼不平之结论。夫国家作育人才，原以“充实人民生活，扶植社会生存，发展国民生计，延续民族生命”为宗旨。今兹所得，不惟不足以语实现既定之宗旨，反为社会增加万千游手青年，造成整个国家经济之累赘。吾人所期望教育如彼，而结论相左如此，岂始料所及哉？

虽然，此固教育失败之铁证，无可讳言者也，而负此失败之责任者，乃我辈从事救育之同志，于青年学生又何尤？学校不授与学生以充实生活之技能，学生何从而得充实生活之途径？学校不授与学生以扶植社会、发展国计、延续民族生命之知识，学生又何力而能负担此偌大之责任？此职业教育所以成为全国教育同仁一般忏悔之口号也。

溯本校首创之时，即以提倡职业教育为已责。七八年来囿于经济，于从事发展普通中学课程之外，未尝忘怀于商业学校之意旨。兹者本校基础已臻巩固，而社会对于职业学校之要求亦日见迫切。爰以添办职业学校之议，商诸校董会，当经决定自民国二十五年秋季起，添办高级职业学校，同时举办商业、新闻二科。蒙胡文虎、胡资周、黄超群、林荣森、黄天恩诸校董负责维持常年经费；又蒙卓德成、绵成、全成三先生捐建职业科教室一座。十年来之夙愿，祇今始克完成，本校同仁不禁额手称庆焉。

厦门为闽南之门户，集万里之帆樯，华侨估客由此地遵海间关重洋，以参加二十世纪血战之商场者，岁以十余万人计。以地而论，以时而论，不能无商业一科之设立。为国家计，为个人计，亦以商业一科最重要。此本校设办商科之本意也。

新闻事业为社会之耳目，民众之喉舌。自人伦正义、国际宣传、时代知识，以至闾巷民情端有赖其发扬传播。此新兴之事业，于今正需才孔亟。此本校设办新闻科之本旨也。

“乔木不采，梁丽窒穴，不能谓材；教而不用，用而不当，亦曰弃之”，此今日谈职业教育者所痛心，亦本校所鳃鳃而熟计之者也。至于添办他科，其将在熟计之后。

以上谨将本校添办高级职业学校之意义述之如右。望邦人君子有以赞襄赐教，则幸甚矣。

文中所说的“充实人民生活，扶植社会生存，发展国民生计，延续民族生命”是当时国民党政府所订的“教育宗旨”，其言烁烁；实际上，在半封建半殖民地的社会条件下，这些漂亮词汇所标榜的目标，从何实现? !我当时不敢正视现实，反把教育失败的责任，全部归由“我辈从事教育之同志”承担，并且“鳃鳃而熟计”，企图作头痛医头、脚痛医脚的补救，实属徒然。

双中添办高级职校后，新聘了一些教职员。副校长张圣才因在第二次被捕释放后仍继续进行抗日救亡工作，一九三六年暑期又遭逮捕（关在南京监狱），乃聘前教务主任林求源担任副校长。又聘前教务主任、厦大法商学院讲师王蕴玉兼任商业科主任兼教会计学，厦门《星光日报》社长胡资周兼任新闻科主任，《星光日报》总编辑罗忒士与市版主任编辑黄绿萍兼任新闻科教师，中央银行会计黄蕴山兼教簿记学。

这学期计招收商业科一年级新生三十人，新闻科新生十一人，初中一年级新生四个班，计一百九十八人，连原高、初中各级旧生三百五十八人，全校学生共计五百九十七人，创双中历年学生数的最高纪录，也是闽南各中学学生数的最高纪录。

双中于一九三五年秋季兼办“双十小学”（抗战爆发后停办，可谓昙花一现），这学期学生总数共计五百五十二人。

双中的学生家长有不少是基督徒，校中设有“双十中学学生基督教青年会”（属“中华基督教青年会全国协会”），聘请厦门基督教青年会的学生干事或教会牧师为顾问（一九三六至一九三七年的顾问是美国牧师卜显理）。该会在校中进行宗教活动并组织体育活动及音乐游艺活动等等。一九三六年秋季，该会组织歌咏团，聘请卜牧师之妻做指导，并曾假虎头山卜牧师楼举行歌咏团同乐会。

（七）

“九一八”事变后，日本帝国主义的侵略步步深入，面对日益严重的民族危机，各地爱国群众纷纷组织“各界救国联合会”“抗日联合会”等团体，掀起抗日救亡运动。厦门市工、商、学各界也组织了“厦门市各界抗日救国会”，我代表双中参加，被选为该会五个常委之一，负责联系文教界群众从事抗日救亡工作。双中也成立抗日救亡宣传队，大部分师生踊跃参加。宣传队分为好几组，经常奔向街头宣传抗日救亡、抵制日货、打击奸商等等。女生组织妇女宣传队，向家庭妇女进行宣传。当时，双中宣传队的活动十分突出，以致日本《朝日新闻》在有关厦门消息的报道中指双中为“厦门抗日策源地”。

1937年9月3日，日本战舰第一次侵入厦门港口，炮击胡里山、屿仔尾两炮台，厦门局势骤紧，双中遂决定迁往内地。正就迁校地址进行研究间，适平和县琯溪镇商会会长周耕民来访，表示欢迎双中迁往琯溪。原来，琯溪镇地方人士曾创办一所“东溪中学”，因基金、设备及师资各方面条件不够，省教育厅不准立案，二百余名学生转学、升学均成问题。该校从双中教师蔡启新处得悉双中决定迁校，正在选择地点，校董会以周耕民与我有同学之谊，遂委托他到厦接洽。周说，东溪中学将让出全部校舍与设备供双中使用，经费也由他们在当地筹集。我将这些情况向校董会汇报并征求教职员意见，大家都认为地点及其他条件都很适合。九月中旬，我与数学教师吕建元前往琯溪了解情况，经周耕民介绍与东溪中学校董及当地几个士绅商议，决定在该镇设“厦门双十中学馆溪分校”，并组织分校校董会，聘请当地人士张河山、蔡坤乙、周道南、周耕民、林际泰等十一人为校董。他们公推张河山（原民军头目）为董事长，由张负责筹建一座宿舍，赶在两个月内完成。我与吕建元返厦后即着手办理迁校工作，并通告在厦教职员与学生；凡愿意随校迁往琯溪者即行报名，并做好准备。教师方面决定随校者有吴卓人、吕建元、张德清与蔡启新四人，学生方面有王逢元、郑勉等七十余人。十月初某日，我率师生由嵩屿分乘专车数辆出发（随带校印、校旗，一部分理化实验仪器及教学参考书籍等），翌日到达目的地。

到琯溪后，教师与男生住在前东溪中学校舍，女生住在琯溪礼拜堂习道班楼上。分校只设初中部，即日办理注册。又招收平和县及邻县的新生及插班生百余人，学生总数将近两百人。就地聘请林际泰、李文林、张元标、张翰卿、张维渊、陶望全等为教师，王达材为童子军教练。分校工作分配和生活安排部署就绪后，我于月底回到厦门，清理学校一些未了事宜。

以战局日紧，而国民党军队未积极做好防御准备，厦门各界人士均估计本埠不久即可能沦陷，届时无力迁徙的贫苦人民的生命财产势必惨遭损失，亟须未雨绸缪，以策安全，遂筹备在漳泉两地设厦门难民收容所。但基金问题颇大，除向海外侨胞呼吁资助外，毫无其他挹注办法，佥议选我和许春草两人为代表前往菲律宾劝募。我们乃于十二月下旬前往马尼拉，向中华总商会接洽劝募事宜。动身前，我特专函报告琯溪双中分校校董会，谓这次出国任务繁重，可能多稽时日，请该会聘用专责校长，主持校务。

（八）

我离双中后，至一九四六年始返校主持复员工作，在此期间，未直接参与校事，但对校中情况于当时和事后多有所闻。

双中迁校之初，即有张三族、陈其坚等人在琯溪一带活动，组织农民读报组、学生读报组并教唱救亡歌曲。陈其坚入双中念书后，带领一部分学生参加各种进步活动。嗣后校中进步教师与学生组织“双十中学抗日救亡宣工团”，由教师吕建元负责领导，学生郑勉为秘书，约有五十余人参加。宣工团内分有剧团、歌咏队等，以农民、市民为主要宣传对象。大家精神饱满，工作活跃。以后又组织“慰问新四军北上抗日宣传队”，并且发动数十个青年参加新四军，随军北上抗日。一九三七年年底至一九三八年春，厦门《华侨日报》经常报道双中琯溪分校的抗日宣传活动（一部分消息由该报直接采访，一部分由宣工团秘书处供稿），因此颇为国民党党政机关所注意。

一九三八年二月，留厦的一部分师生在鼓浪屿鸡母山另设一个分校，负责人为庄克昌，与琯溪分校经常联系。是年五月十一日厦门沦陷，鼓浪屿分校被迫停办。日寇又探骑四出，“赏格”万元，要逮捕我以泄恨。幸我已离厦赴菲，免遭毒手。庄克昌见势不妙，深居潜伏，以后乘机逃脱，经香港前往菲岛。

·九三九年四月，教育厅派该厅服务员（按，系编制外的候派人员）赖德渊为校长到琯溪接收双中分校。漳州驻军七十五师亦在此时密令“驻琯剿匪别动队”（系由土匪改编而成）队长张河山，将教师吕建元、吴卓人、学生张海水三人就地杀害。在此一发千钧之际，吕建元忽从与张河山有亲属关系的张景尧那里得到消息，便和吴卓人、张海水在大雨滂沱的某日午后仓促就道，逃离虎穴。

双中分校经赖德渊一番改组后，成为由省政府直接管理的“官督民办”的学校。原随校迁至琯溪的四位教师中，除吕、吴两人被迫出逃外，张德清因病辞职离校，只蔡启新（当地人）留在校中。琯溪双中分校与厦门双中的关系到此告一段落（一九四六年秋，琯溪分校改校名为“文成初级中学”）。

（九）

抗战期间，双中董事长林珠光，校董黄本源、张圣才与我都在菲律宾。菲律宾于一九四五年三月光复，以祖国胜利指日可待，侨胞欢欣鼓舞，对祖国建设前途寄予莫大希望。侨友郑汉荣、吴宗明、黄文开等十余人筹集美金二十余万元准备回国投资，振兴实业。张圣才、黄本源两人于一九四六年春先后回到厦门，筹设“互惠实业有限公司”，张任董事长。我于一九四五年十月间由菲抵渝，旋到上海，筹设“启南实业股份有限公司”，我任董事长，黄本源任总经理。并由启南公司向中国工矿银行、福建渔业有限公司、福建省农林公司等投资。我们在菲商得股东同意，以盈利的三分之一作双中经费。

厦门沦陷期间，日寇占用双中校舍，以虎豹体育馆作拘捕、迫害我抗日爱国志士之所（老教师萨兆琛等曾亲见其中设备），甚至任意拆毁校舍，致图书馆、职业科教室、总办公厅、膳厅及美术、音乐等教室和双十小学一部分校舍，均荡然无存。到敌人撤退时，体育馆也遭破坏，徒存四壁。日寇之残暴猖狂，令人扼腕痛恨!

我们离菲之前，曾向黄文开募得双中复员费菲币一万元（折合美金五千元）。我于一九四六年六月间由沪返厦，主持学校复员工作，即以此款修葺校舍，添置教具。又从鼓浪屿搬回寄存的仪器图书，检查后，发觉损失过半。复员第一学期高初中各年级共十一班，学生四百七十余人。

另一工作就是改组校董会，并办理立案手续（因琯溪分校只

二十世纪三十年代的图书馆

设初中部，而且已经脱节多年，这次复员须重新向省教育厅申请备案)。按照教育厅规定，立案须具备一定的基金（法币若干元，已记不清楚)，有一定规模的校舍及一定数量和质量的设备与师资，并规定校董会的人数为十五人。当时校舍、设备、师资不成问题，惟校董才十一人（卓全成、陈福星、石鼎宗、余金隆、吕天宝、周辨明、胡资周、丁锡荣、张圣才、黄开源、黄其华)，不足四人，遂加聘陈联芬、叶道渊、张述、黄式厚为校董，公推我为董事长，张圣才为副董事长，卓全成、胡资周、黄本源为常务董事，并由黄本源兼财务董事。又请林珠光为名誉董事长。新聘校董张述（双中校友）时任厦门市立银行经理，黄式厚是中国工矿银行厦门分行经理，陈联芬是国民党中委兼福建省党部主委，叶道渊是国民党中央立法委员。我鉴于抗战前双中向教育厅申请备案时，受该厅多方刁难，不予批准，费时两年才告成功，所以这次拉了金融界的张述、黄式厚两人做校董。学校当时没有什么基金存在银行（法币天天贬值，即使在银行存有几十万元基金，过一二年后提取，亦等于废纸），就由他们虚造“基金存款单”送教育厅作立案的“证明文件”。这对立案获准起了重要作用。陈联芬、叶道渊两人被拉做校董后，在打通省府关节上帮了很大的忙。由此可见，在当时社会，即使是号称“清高”的教育工作者，如不搞点“交官结吏”的名堂，也是无法立足的。

校董会组织就绪后，即行物色校长，由体育主任杨绪宝介绍吴厚沂担任校长。吴在厦门大学教育系毕业后，即留在系里担任助教，对办学虽无经验，但年富力强，初到任时尚能认真负责。鉴于抗战期间一般中小学生程度低劣，吴主张在教学上要急起直追，以提高学生程度；但对学生课外活动，则不加提倡，力图使学生关门读书，不问国事。

双中的用人行政，均由校长掌握，校董会概不过问。吴厚沂继承双中的传统，从各方面罗致优秀教师，并聘请厦大教授到校兼课，如厦大化学系陈国珍教授、中文系郑朝宗教授、历史系韩国磐教授等都在双中兼过课。

为了加强自然科学的教学实验，我于一九四七年春季捐助美金三千六百余元，从上海购进大批理化仪器和药品。一九四八年，菲律宾校友捐献高级显微镜四架，充实了科学馆设备。

复员后计修建校舍四座：卓全成、陈福星两校董在职业科教室旧址上捐建高中教室一座（计四间）。沪、厦校友在办公厅旧址上捐建办公厅一座。菲律宾华侨洪开年捐建“梯山纪念厅”一座，以纪念其先翁梯山先生。该厅分两部分，前者充作膳厅，后者充作游艺厅。一九四八年十二月，胡文虎捐助港币两万元，重修他前所捐建的虎豹体育馆。以实际修建费计用港币五万元，乃向校董卓全成开设的同英布行借垫美金三千元，又向校董黄本源开设的华昌公司借垫美两千余元。至一九四八年年底，校舍与各方面设备已恢复旧观。

双中以师资阵容整齐、学生刻苦用功及师生之间、同学之间关系密切，在办学上取得一定成绩。一九四八年春季举行高考，各校复员后的第一届高中毕业生有不少人投考厦大，双中的录取率达百分之六十五，而其他学校还达不到百分之三十。投考清华、复旦、暨南、岭南等大学的双中学生，也多被录取。这个成绩，引起了社会各界人士与学生家长的重视。

吴厚沂当双中校长后，被派为三青团厦门市干事会干事，他一味要求学生读书，不让他们参加政治活动。但在革命思想影响下，双中仍有不少学生参加各种进步活动（如集会、游行等），学生中的地下党员也照常进行活动。

当时，英国驻华大使馆设有一种“留英奖学金”，由各地英国领事馆物色各方面人才，每年三名，送往英国深造，名义是为我国“培养高级人才”。一九四九年，由厦门英国领事馆挑选“成绩卓著”的中学校长一名，吴厚沂给他们看中了（吴任双中校长近三载，个人社会地位日见提高），取得赴英留学的机会。吴于五月中旬出国，距离学期结束尚有三个月，其校长职务，由教务主任黄卫世兼代（听说吴厚沂留英两年回来后，在香港政府办的一所中学里当校长，月薪港币二千余元）。

国民党统治时期，通货膨胀，物价飞涨，法币一日数跌，民不聊生，公教人员领到的薪水，不够维持一星期的家用。厦门市上一般买卖，均以白米或美钞论价。双中为了照顾教职员工的生活，不得不采用“变通”办法。注册时所收的学杂费，当天即由会计课购进美钞，或向米店购存白米，经费不够时，也由校董会借垫美钞。以后每月以美钞或白米照收费时的牌价折算发薪，使教职员工的生活不受货币贬值的影响，而且按期发薪，未曾拖欠。

抗战前，双中为照顾、奖励贫寒学生，免费生名额约占学生总数的五分之一。厦门沦陷期间，在敌伪统治下，工商业凋敝，人民生活穷窘，因此复员后，双中不得不扩充免费生名额，免费生约占学生总数的百分之二十五至百分之三十，这笔开支在经常费中占相当的比重。为了提高教学质量，每班学生规定不得超过四十五人。后学生数逐年增加，班数也随之增加，经常费的赤字差额越来越大。复员三年，由校董会借垫的经常费达美金二万余元。不敷的经常费，原希望侨办的银行、公司在有了盈余后可资挹注，但事成泡影。在国民党政府苛捐杂税的层层剥削和官僚资本的倾轧下，加以法币不断贬值，这些银行、公司在短短的三四年间相继倒闭。不但没有盈余，就连资本也化为乌有。

一九四八年春，我拖着沉重的脚步，抱着沮丧的心情，前往菲律宾向侨胞作将伯之呼，承复隆兴公司、李清泉公司、中兴银行、交通银行及侨友杨启泰、郑汉荣、郑崇璀、姚道昆、蔡孝忍、杨永葆、李孝锦、吴宗明、杨金灯、洪采年、薛芬士、庄万里、许友超等三十余人捐助菲币三万七千元（折合美金一万八千五百元），经常费之不足始得弥补。

一九四九年八月初旬，蒋介石派军统特务头子毛森到厦（将于月底接替李良荣任厦门警备司令）。为免遭其迫害，学校副董事长张圣才于八月二十二日潜逃内地，我也于翌日携眷乘船逃往香港。临行前夕，组织“校政委员会”，请教务主任黄卫世、前教务主任张堆金、训育主任罗旭升、体育主任杨绪宝、会计主任林寄尘、秘书林屿及高中教师萨兆琛共七人为委员，指定黄卫世、张堆金、罗旭升分别为第一、二、三召集人。我在家里召集校政委员会成员开会，指定由第一召集人担任代理校长，倘遇第一召集人被迫出走，即由第二召集人、第三召集人依次顶上。我在会上鼓励大家共同负责，共同努力，勿使校务停顿；至于经费问题，我到港后将联系旅港校友，尽力支持。到会委员一致表示，天快亮了，将尽最大努力，克服一切困难保卫学校，使不受破坏，为迎接厦门解放做好准备。

（十）

解放后，双中迎来了新生。在党的关怀下，很快就正式开学上课了。但当时厦门刚刚解放，人民生活困窘，元气未复，学生仅三百多人（不及上学期之半数），编为十一个班上课，教职员也只有三十余人。当时由黄卫世代理校长兼教务主任，他既要整顿校务，又要参加校外各种会议，辛劳备至。

解放第一年，旧校董大半星散，留厦者为卓全成、陈福星、石鼎宗、张圣才、余金隆、黄式厚等六人。以经费筹措困难，卓、陈、张、黄四校董带头捐助美金三百五十元，又向商界人士及校友等募得白米一万六千七百五十市斤。我在香港向旅港校友陈清林、林有本、侯和銮等募得美金七百六十元，又向老教师陈秉仁、王蕴玉及校友韩振东、洪炳煌等募得港币四千五百元汇校应用。厦、港两地的捐款，使学校顺利度过一九四九年度（一九四九年八月至一九五〇年七月）的经济难关。

解放后不久，学校即在党的教育方针指引下，进行了一系列改革，如成立生活指导委员会，对学生进行政治思想教育并管理学生生活，新民主主义青年团和教育工会的基层组织也建立起来，学校面貌焕然一新。

由于形势迅速发展，仅仅依靠原有校董会的校董，已显然不能满足客观的需要。我于一九五〇年秋从香港回厦后，即扩大校董会组织，从厦市社会人士、学生家长及校友中，聘请蔡衍吉、陈锦树、杨迪康、庄友让、胡赐开等十五人为校董，并着手筹募一九五〇年度至一九五二年度三年的经常费。

一九五〇年秋季，教务主任黄卫世因校内外工作繁忙，辞去兼校长职务，改聘张堆金继任。这学期学生数激增至六百六十四人，居本市公私立中学首位。但时在解放初期，人民生活尚有困难，故申请助学金的学生达四百余人之多，助学金审查委员会不得不商请校董会将原订享受比例从百分之二十扩大为百分之二十五。至于学校设备方面，蒙市人委教育局补助白米两万零七百市斤，作图书、仪器及体育设备经费，并从这年开始每年都发给临时补助费，政府的支持给校董与全体师生以莫大的鼓励。

一九五三年秋季，代理校长张堆金调任福建师范学院讲师。党为了加强学校领导工作，选派李永裕到校担任党支部书记兼校长职务。

为了进一步调动海外华侨、归侨、校友以及社会人士办学的积极性，更有力地贯彻党中央关于发动“群众办学”的指示，我们开始有计划、有步骤地在原有基础上扩大校董会的组织，使校董会能发挥更大的作用，为学校教学工作提供更多的物质保证。因此，先后增聘有一定代表性的海外华侨陈占梅、张彩云、白辰恭，归侨林采之、颜西岳、汪万新、郑潭、陈德润、林珠光（永春籍），社会人士刘瑞草、丁乃扬、黄贻鹊，校友郑忠益等二十余人参加校董会。一九五三年春，我到福州创办“太阳橡胶电线厂”。同年秋，张圣才调福州工作。校董会根据实际需要，增加副董事长名额，推选林采之、卓全成、蔡衍吉为副董事长，并成立常务董事会处理经常性工作，从而进一步巩固和健全了校董会组织。学校党支部特别指派总务行政人员与校董会经常联系，从此学校与校董会关系更为密切。

随着社会主义教育事业的蓬勃发展，双中也迅速发展了，学生数不断增加，原有的物质条件，尤其是校舍，已不能满足教学的需要。为此，副董事长林采之先生和学校工作人员不辞辛苦地为募建校舍而东奔西跑，校董们也自觉地踊跃捐献。如：常务董事郑忠益捐献两万三千元，还把自己在华侨投资公司的五千元股

二十世纪六十年代的胜利楼

票捐献给学校；黄贻鹊校董捐献两万元，卓全成校董捐献八千元；胡赐开校董捐献五千元，其他校董也根据各自的经济条件，悉力资助。蔡乌石校董把“四季花园”的土地捐献给学校建运动场。由于校内外各方面群策群力、齐心以赴，在短短的时间内，即募集了十多万元的校舍建筑费。

学校贯彻“少花钱、多办事、办好事”的财会原则，以自营方式建筑校舍，即自备石料、木料、红砖等建筑材料，自行设计，自行雇工，先后建成了造价省（平均每平方米三十多元）、质量高的石木结构的“和平楼”“建设楼”“解放楼”“红砖楼”等校舍。虽然在建筑新校舍时拆掉了已陈旧破烂的侨儒楼和珠光宿舍，但总的来说，这些校舍的落成，缓和了当时校舍紧张的局面，初步满足了学校教学工作的需要。在建筑校舍的同时，又抓绿化、美化环境的工作，现在（按，本文作于一九六五年），校园内绿树成荫，百花争艳，昔日“不毛之地”的景象已荡然无存。学校党政领导还发动全体师生开展义务劳动，开辟运动场。经过八年的苦干，开填了几十万立方米的土方，爆破了几万立方米的岩石，一个尚称完备的运动场终于修建成功，它既有跑道、足球场、篮排球场及风雨操场，又设有观众台和主席台。

以上是从一九四九年秋至一九五六年夏，仍作为私立性质的双十中学的一般情况。

（十一）

解放后，校董会诸同仁虽然热爱学校，关心学校，尽最大力量帮助学校解决具体困难，但毫无疑义，大家经济能力毕竟有限，不能全面满足学校的物质需要，因而客观上限制了学校的继续发展和教学质量的提高。校董会诸同仁有鉴及此，乃三番五次报请政府接办。一九五六年秋，校董同仁的恳切希望与要求终于如愿以偿，政府正式宣布接办双中，改校名为“公立双十中学”。从私立改为公立，这是双中历史上的里程碑，在党的教育方针的指引下，学校各方面工作都有较大幅度的进步。近几年来，中考录取率稳定在百分之九十五以上，高考录取率也逐年提高。在

和平楼

建设楼

一九五九年举行的市文教战线群英大会上，双中被评为红旗先进单位，出席省文教战线群英大会；一九六〇年又出席北京全国文教战线群英大会，荣获全国先进单位称号。一九五九年双中被省教育厅确定为省重点中学之一，最近又被列为省首批办好的十四所中学之一。

目前，学校设有三十个班，学生计一千四百多人，是解放后第一学期的四倍多，教职员工（包括双中化工厂、双中农场员工在内）近一百八十人，较之解放后的第一学期增加了近五倍。科学馆的设备经大力充实，为教学服务的作用明显提高。学校拥有图书三万六千多册，较之解放前增加五倍有奇。

一九六四年，在省计委、省财政厅领导的支持下，由财政厅拨款，建了一座面积二千八百平方米、耗资二十三万元的教学大楼，于翌年六月落成。

一九六五年五月，校名改为“厦门市第八中学”，学校在党的教育方针的指引下，又迈出了新的步伐。

厦門雙十中學
香港校友會
1919-1984
創刊

专稿二：

陶行知的教育思想与厦门双十中学[1]

我十三岁读完七年制的小学，因家贫无力升学，当了四年学徒。爱国华侨领袖、伟大的爱国主义者陈嘉庚先生于一九一八年三月在家乡集美开办师范、中学两校，中学生只交膳费，师范生则各费均免。陈校主极力主张师范应招收立志服务教育的学生。前后两条都适合我的升学条件。五四运动后，我考入集师。一九二〇年十二月，我与师范、中学、商业、水产四校的学生代表十人带头闹学潮，反对当时的专制校长，失败离校。蒙抗日老战士、台湾学人黄幼垣恩师资助，先后转学福州英华中学和青年会中学。

厦门侨办“双十乙种商业学校”将于一九二五年正式更名为“厦门双十中学”，办普通科兼办商科（一九三五年兼办高级新闻科）。当我于一九二四年秋季在青中念毕业班时，创办人爱国华侨马侨儒先生要聘我担任校长，我对马先生说，我受倾资兴学的陈嘉庚先生的爱国主义精神感动下，已立志以教育工作为终身职

1　本文系一九八二年七月廿八日黄其华先生在陶行知先生逝世三十六周年纪念座谈会上的发言，并经黄先生亲自校阅修正。原发表于《福建省文史资料》一九八三年第十期，一九八四年转载于《厦门双十中学香港校友会会刊》创刊号上。

业，同时已找到已找到一位教育大师陶行知博士[1]做我的精神导师。我将采用他的教育思想作为我办学的方针，拟用初办的双十中学作为实验学校。您如同意，让我试试看。蒙马校长赞许，我高兴极了。

我的带路人、伟大的人民教育家陶行知留学美国回来后，即担任南京高等师范学校教务长。南高师以后改为东南大学，陶夫子任教育科长（系主任）。在教育实践中，逐步把他的老师、世界著名的实验主义、教育理论家杜威博士的“教育即生活”“学校即社会”的教育理论，改造为“生活即教育、社会即学校”“教学做合一”“在劳力上劳心”为中心内容的生活教育理论。他说：“生活教育是生活所原有、生活所自营、生活所必需的。”他认为生活教育的特质为生活的、行动的、大家的、前进的、世界的、有历史联系的；要力求大众解放和民族解放的教育，要把教育同实际生活相联系，反对死读书，强调培养学生的创造性和独立工作能力。陶夫子为了实践自己的理论，亲自创办了晓庄学校，积极支持创办湘湖师范和新安小学。又在上海筹建了“山海工学团”。原先，他设想以教育为主要手段来救国和改善人民的生活。后来，

1　陶行知先生（一八九一至一九四六）是我国伟大的人民教育家、大众诗人、爱国主义者和国际活动家。一九一四年金陵大学文科毕业，借资赴美留学，获政治硕士和教育学监学位（相当硕士）。在留美期间，他虽受教于杜威门下，受到杜威器重，但在实践中，他认识到杜威这一套是行不通的，故反其道而行之。最后，杜威曾赞许陶先生的教育理论比他高明一千倍。一九一七年陶先生在南京高等师范学堂任教务长时，提出用“教学法”代替“教授法”的主张，遭校方拒绝。以后。五四运动中“教授法”终被收为“教学法”。一九二三年，陶先生等创办“中华平民教育促进会”，首先推行平民教育。圣约翰大学授予名誉博士学位。

在中国共产党的帮助和影响下，进一步认识到教育不能脱离政治，必须为民族革命和民主革命服务，提倡教育要与劳动生产相结合。陶夫子这一言一行，为人民教育开辟了新的道路。

根据我学习和实践的体会，陶夫子的教育思想，可归纳为三个统一：生活与教育统一，社会与学校统一，教、学、做统一。这后一个统一，是教育方法的灵魂。陶夫子认为，教学做是一件事，而“做”是中心。他主张“在做上教，在做上学”，“教的法子要根据学的法子；学的法子要根据做的法子”；他强调“从先生对学生的关系说，做便是教；从学生对先生的关系说，做便是事”。他还要求“以教人者数已，在劳力上劳心”。我把它概括为四句话：要求教育工作者以身作则，为人师长，言行一致，理论结合实际。陶夫子教导我们“师生同生活共甘苦，为最好的教育”。我实行陶夫子的教育方法，极力提倡师生生活打成一片。教师的教学场所，不限于教室，学生各种课外活动如体育、音乐、美术、戏剧和各学科研究会以及社会服务活动都要参加[1]。尤其是爱国运动、抗日救亡运动，师生要并肩前进（日本《朝日新闻》一九三八年三月报导厦门抗日消息，标题为“双十中学是厦门抗日策源地”）。我深深体会到教师们在双十大家庭中边教、边学、边做；同学们在生活中边做，边学收效极大。

1　双十中学三十年代，学生的课外活动，有下列项目：新剧研究会、摄影研究会、国音研究会、生物研究会、书法研究会、英语发音研究会、美术研究会、时事研究会、歌咏团、口琴团、铜乐队、社会服务团、田径队等。我记得一九三四年曾邀请当时在厦门青年会担任学生部干事，现任福建师大教授郑德超博士当“歌咏团”义务指导员。

双十中学的校址设在原名“外清箭仔场”——一座两层楼的校舍，上下八间教室，只有一个排球场，左、右、后三面都是荒山坟墓，再向后往上是禅师公岭接连厦门大学后面的五老峰。我到校服务后，即带领学生把校前的箭场仔和旁边坟地开辟为田径运动场，又在大楼左、后两面开辟学生宿舍、临时礼堂等基地。我在教、学、做的过程中，深深体会到合群的重要性，认为要做任何大小事，不是群策群力，通力合作，一定不能做好。大家彻底反对个人主义思想，积极提倡集体主义教育，我把它概括为“群育”两字。群育的精神是精诚团结，万众一心。这颗心会让团结力永远放着光芒，这个光芒锐利无比，无坚不摧。

我所尊敬的教育家、文学家、政治家蔡元培先生追随孙中山先生搞革命，当了国民政府首任教育部长。蔡先生极力提倡“美育”。首先提议创办我国第一批艺术专科学校——上海音乐专科学校与西湖艺术专科学校。蔡先生认为学生的日常生活，问答讲话都要温文尔雅，表现“美”字；待人接物，彬彬有礼，也要表现“美”字，尤其强调胸中须有心灵美。陶夫子强调教师应当用美术的观念去改造社会同蔡先生的主张是完全一致的。蔡先生与马叙伦先生于一九二九年莅厦讲学，我跟蔡先生接谈几次，并请他为学生会的半月刊《炉炭》题刊名。蔡先生待人接物的高尚风度，在我的脑海中留下不可磨灭的印象。我在蔡、陶两位伟大教育导师指引下，在双十中学工作期间，严格遵守前辈教育家所提倡的“德、智、体三育并重”为教育准则，又提出“德、智、体、群、美五育并进”的口号。这个口号不光写在标语牌上，也不光印在校刊上，而是鼓励全体师生天天时时身体力行之。

蔡先生极力主张开创小学男女同校，大中学校吸收女生的先例。陶夫子也主张女子教育与男子教育应有平等地位。双十中学于一九二七年实行男女同校，开厦市各中学之先河。

我深受陈校主与陶夫子平民教育思想的影响，双十中学是一个穷校，但免费生名额逐年增加，到三十年代，占全校生数四分之一，对培育贫寒好学的优秀学生，起了积极的作用。

双十中学的学生数由一九二五年的八十三人增加到一九三五年的七百三十余人，成为闽南学生数最多的中学。在陶夫子的教育思想指引下，全校师生员工共同努力下，由不入流的中学，三年后成为第三流，五年后成为第二流，十年成为全省第一流的中学。一九三四年春季参加当时教育厅举办的第一次也是最后一次

的全省中学毕业生会考，成绩列第一名。此外，从一九二五年至一九三七年，在这十三年间，双十中学参加全市作文比赛、演说比赛和体育比赛、童子军技术比赛等等，都名列前茅。一九三六年十月，当时的市长李时霖带领市府处科人员八人到厦门各中小学突击检查卫生，双十中学获得中学“整洁锦旗”（鼓浪屿教会办的怀仁女小获得小学“整洁锦旗”）。双十中学的地位蒸蒸日上，我这个老园丁也沾了光。一九二九年十月，厦市成立“厦门市中等学校联合会”，我蒙教育界同仁一致选我为主席，一直担任到抗战军兴该会结束止。

关于兴建校舍方面，在全体校董和海外热心人士赞助下，校舍逐渐增建。原有的第一座校舍命名焉“马侨儒纪念楼”。一九二六年秋，由首任董事长林珠光先生捐建“珠光宿舍”一座[1]，可容男生一百四十八人。闽南、闽西、台湾和广东省汕头、惠阳、梅县各地的寄宿生约占三分之二，南洋各地回国升学侨生约三分之一。一九三四年秋，由菲律宾热心侨胞黄平洋、黄颖锥、桂华山、黄鼎铭等十余人捐建礼堂一座，可容八百人。楼上作小科学馆，设生物、化学、物理实验室各一间。曾任菲律宾中华总商会主席洪开年先生捐建图书馆一座，纪念其先尊梯山先生。一九三五年春，卓全成、陈福星两校董捐建商科教室四间。同年九月，侨胞胡文虎兄弟捐建我省第一座体育馆——虎豹体育馆。

1　福建省有三位华侨领袖都叫林珠光。一位是永春林珠光（已故），曾任省侨联主席；一位是福清林珠光，现任福州市副市长，市侨联主席；我所提的是厦门林珠光（已故），他是菲律宾二十年代有数的实业家，热心祖国和居留地的教育体育事业。

厦门校友捐建办公厅和会议室一座。

一九三五年，开辟礼堂西北部斜坡山地，即现在的教学大楼旧址，加建教室六间，另建木屋四间。增设小学部，学生三百余人。全校中小学两部学生数计达一千一百余人。

一九三四年秋季，在行知生活教育思想指引下，双十中学试行“生活指导制”，取消教务处、训育处等处组，创立“生活指导委员会”。教师不光在教室内指导学生学习，学生在校外和家里的一切生活，随时随地的一举动，都是教师关心的范围。

实行“生活指导制”之前和在进行中，经常采用通讯与家访办法和学生家长取得密切的联系。陶夫子强调“生活是教育的中心”，又强调“健康是生活的出发点，也就是教育的出发点”。在试行“生活指导制”期间，我兼任主席，搬进学生宿舍住。每早起床后，带领寄宿生爬山做健康操半小时，日夜跟学生生活在一起，亲如家人。这个“生活指导制”得到厦门大学教育系师生的赞赏。厦门大学教育学会曾约我到会作报告。

当时，我曾因实行“生活指导制”，写过三封致学生家长的公开信。发表在学生自治会主办的校刊《炉炭》上。兹摘录第一封信一段话：

> 本校教育，向主严格。学生在校生活，皆经分别个性，规定方式，刻意指导，务使青年学子于数年学校教育之中，得以习知为人处世大道，而贯彻陶行知先生所主张生活即为教育之精神。最近鉴于因循现行学校组织之不足，以适应学

> 生生活普遍发展，乃更参酌中西先进教育理论，创为“生活指导制”。废止原设“教务”與“训育”分立之成例，以整个学生生活为对象，由全体师长组织“学生生活指导委员会”，负责指导，而以主席总其大成。如是，即校中师长，皆为教务与训育之合一体，学生生活，随时随地与全体师长发生密切之联系。向之教务管理课程、训育管操行、数员管教书，驯至全校教育方针，左右背驰、而学生生活，反呈畸形偏枯之发展诸现象，皆可避免矣。

我把它概括为四句话：教师必须管教管导，教书教人，深入学生，全面负责。

当时寄宿生，对这个“生活指导制”，极为好感。世界著名企业家李尚大、著名科学家李景昀博士两校友于一九七九年八月先后由印度尼西亚和美国来信谓他们在国内外念过好几个学校，一致认为在双十母校的学校生活最有趣味，师生同学之间融融洽洽地相处，快快乐乐地过着青少年的生活。

陶夫子教导我们“发现问题、研究问题、解决问题，是最好的教育”，双十教师们基本上都能做到。这样，师生之间就建立了亲密无间的融洽关系。一九四五年八月，祖国抗战胜利，日寇投降。我受驻菲校董会推为第二任董事长。于十月间由马尼拉乘飞机往重庆返厦主持复员双十中学工作。在渝逗留个把月。当时陶夫子在四川创办育才学校和晓庄研究所，进一步提倡自由讨论、自由研究和手脑并用的主张。我偕老友庄希泉先生拜谒陶夫子，承他热情接待。我说:“我是您的学生，前天刚从马尼拉回到祖国，今天请庄先生带来拜谒老师。”他问:“你何时在南高师念书？”我答:“不，我不在南高师念书。您是我生平最尊敬的教育大师。我遵照老师的崇高教育哲学和教育理论办厦门双十中学，收到可喜的效果。我也遵循老师的教导，当了五年校长后，才跟双十中学毕业生一道投考厦门大学，做一个半工半读的走读生，所以我说我是您的学生。”陶夫子哈哈大笑，连声说:“不敢当！不敢当!”第二天，陶先生特来回访，谈论教育问题，我获益良好。

一九四六年，忽来半天霹雳，陶夫子于七月十五日在上海被迫害，脑溢血逝世。同年九十月间（日子我记不清）。上海各界在震旦大学举行追悼大会。我那时刚好在上海，前往参加。人山人海，站满大会堂。我用了很大的气力才挤站了一位置。在会上，大家悲奋激昂，痛哭之声，不绝于耳。其感人之深，难以笔墨形容。

陶夫子与世长辞已有三十六年了。但他那高大形象，崇高的品格，公而忘私，临危不惧的牺牲精神，将永远留在人间。毛主席亲自题词，称他为“伟大的人民教育家”，周总理称他“是一个无保留追随党的党外布尔什维克”，国家名誉主席宋庆龄题词称他“万世师长”，陶夫子是当之无愧的。

祖国解放后，双十中学在党领导下，校务更加发展，成绩斐然。当时市区计有八所中学，厦门市委表示，在恢复经济阶段，要双十中学仍保持私立地位，减轻政府负担，校董会赞同政府的设想。厦门解放前夕，我们为了逃避反动派的迫害，张圣才副董事长于一九四九年八月廿一日夜潜往泉州与第十兵团联系，我带我的家眷与圣才的家眷于廿三日逃住香港。我在港向老教师王蕴玉、陈秉仁和老校友陈清林、韩振东、余金波、白增祺、陈海涛、侯和銮、林有本等筹募学校经费。一九五〇年八月，我携眷返厦，一面在市委统战部和民革省委会领导下，与“民联”地下同志张圣才等筹建民革厦门市委会；一面在副董事长林采之、蔡衍吉，常董卓全成、颜西岳、黄贻鹊、陈德润、胡赐开（校友）、郑忠益（校友）等同志和社会热心人士大力支持下募集十四万余元建筑“建设”“和平”两座大楼，教室十六间，可容学生九百六十人。又在“虎豹体育馆”旧址兴建红旗礼堂一座（不幸，该堂于一九五九年被强大飓风所刮倒），解决了祖国解放后学生数激增，校舍不敷的问题。菲律宾归侨蔡乌石校董捐献原“四季花园”，改建为运动场。蔡校董为学校提供这场所，对提高学生健康质量起了巨大作用。趁这机会，在这里我以董事长名义向校董们和社会热心人士们以及香港校友们致以衷心感谢。

解放后的学生数增加两倍多，校舍比解放前增加十倍。我校一九六〇年被评为先进单位，出席全国文教群英会。现在不但列为我省十六所首批办好的重点中学之一，并且是全省重点中之重点。去年七月，美国女教育家苏珊博士来我国搜集七所重点大学的资料，在厦大搜集的任务完毕后，告诉厦大领导，她也要搜集厦门双十中学的资料。后经中央教育部电复厦大，欢迎苏珊博士到双十指导。这也说明双十中学的成绩得到国际教育界的重视。

如今，解放前的旧校舍都拆除改建，仅存小礼堂座。新建了教学楼四座，科学楼一座，改建图书楼一座，面积达一万三千平方米。

双十中学已于一九五六年改为公立，仍用原名。到一九六五年改名“厦门八中”。如果说双十中学在这五十七年中有了一定成绩，这个成绩是同陶夫子的高超的教育思想指导和社会主义教育指导分不开的。

陶先生的教育思想是我国人民珍贵的财富和教育遗产，我们纪念陶行知先生，最重要的是要研究和整理陶先生遗留下来的这份精神财富，为建设我们现代化的，高度民主的、高度文明的社会主义强国服务。

基础厚

年轮
张圣才口述实录
ZHANG SHENGCAI: AN ORAL HISTORY
张圣才/口述 泓莹/整理
内战时期，参与十九路军「闽变」逼蒋抗日
抗战时期，潜伏菲律宾获取日军情报
解放战争时期，策动国民党高级将领起义
真实还原民国谍报奇才张圣才的传奇一生
003
广西师范大学出版社

专稿三：

厦门双十中学创办始末[1]

——《张圣才口述实录（节选）》

双十中学是厦门最好也是最具特色的中学之一。

张圣才先生

作为著名侨乡，厦门侨资办学很早。一八九八年，有些政治话语权的厦门商会就创办了同文书院。侨居越南的富商邱振祥是第一任董事长。但当时的商人们并不知如何办新学，就请洋人来当校长，据说当年同文书院的校舍也是请鼓浪屿救世医院创办人、双学位的荷兰籍美国人郁约翰设计的。文史资料上不少文章认为同文书院是洋人办的，其实不然。

双十中学比同文书院晚办了二十多年，这时，中国已经出现大批有理想、有头脑、有作为的知识分子，他们办报办学，以启蒙、教育国人为已任。黄其华和张圣才正是这样的人。这样的学校有点像同人办学，他们因陋就简、不拘一格，吸纳了不少人才。张圣才先生做情报实属历史误会，所谓"教育是正常时期的革命"，他特别渴望在"正常时期"实行他"教

1　张圣才口述，泓莹整理：《张圣才口述实录》，广西师范大学出版社二〇一六年版，第五十八至六十五页。

育救国”的理想。

双十的前身是马侨儒先生创办的商校，规模比较小。

双十中学创办有一段颇有趣的故事。原籍厦门前埔的菲律宾富商林云梯，在故乡办了个“云梯小学”。长子林珠光从菲律宾回国，这位风流俊秀、曾经对厦门文教和南洋体育做出非凡贡献的“花花公子”，从当时的厦门市区回前埔，总是骑着高头大马，颇风光颇招摇。有一天，林珠光遭遇绑架，发财心切的绑匪们将林家大公子软禁在温柔富贵之乡。正当青春年少的林珠光乐不思蜀，却急坏了父亲林云梯。恰好早年在鼓浪屿养元小学教书的马侨儒先生认识这些绑匪，及时出手解救。

林云梯感激之余，约马侨儒共同创办云梯中学。云梯中学因为种种原因未能办成。双十原来也是想办“完中”，可能当时硬件不够未获批准。只好先办职业学校。据黄猷先生回忆，他们学校，也就是双十中学小学部仪仗队的大鼓，就都印着“云梯中学”字样。双十中学一九二七年成为完中。创始人马侨儒先生于一九二九年积劳成疾去世，志同道合的黄其华先生与张圣才先生身体力行，配合默契。十九世纪三十年代，双十不但是闽南学生人数最多的学校，同时是最好的完中，并附设小学部。

一九二五年，我主要工作任务是做《思明日报》总编辑，其二是双十中学的教务长，一身两职。事情没做好，《思明日报》

在我手里没有发展。一九二五年年底，我哥（他是社长）决定将报馆卖掉，让我全心做教育工作。

一九二六年年初，厦门《思明日报》卖给原来做经理的徐吉仁去处理了，我退出。

我离开协和大学时就有这样的见解，认为中国处于一个半封建半殖民军阀猖獗时代，一定要有一个大革命，然后才可能改变社会面貌。这个工作要做两个：一是从事革命，二是从事教育。我认为革命是非常时期的教育行为，通过革命能教育民众，让民众明白过来；教育是正常时期的革命，等于是长期要做阵地战，教育群众，让他们认识现实，认识国际形势，是正常时期的稳定工作。

建于一九三五年的双十中学礼堂

离开《思明日报》后，我专心从事教育工作，就是参加黄其华先生的双十中学工作。一九二五年我接手《思明日报》，黄其华也刚刚接手双十商业学校，他做校长，在他手中改为厦门双十中学。校址在鸿山寺后，前清箭场仔这个地方，就是现在的镇海路。

当时双十只有百来个学生，是个小小的初级商业学校，改做正规中学后，招生多了，按中学体制办学。他做校长，聘我做教务主任，事实上教育工作是他在做，让我抓政治教育，政治问题多数由我掌握。学生对国际形势、国内情况，以及革命的情况是比较了解的，经过我的提倡和教育，学生渐渐形成浓厚的爱国思想，大部分学生有了责任感。

一九二五年到一九三七年，我名义上是双十的成员，做了教务长，做了副校长，做代理校长，副董事长，我几乎与双十中学发展同步，但学校的进步发展主要是黄其华的贡献。黄其华先生是陶行知教育学说的实行者，他按照陶先生的理论来办双十中学，学校切合社会的需要，学生越来越多，到一九三五年，中学部有七百多人，小学部有四百多人，学校大了，是闽南学生人数最多的学校。

双十是马侨儒先生在一九二〇年创办的，当时叫“双十商业学校”，第二年，菲律宾华侨林珠光与石鼎宗、卓全成、林怡山、杨天乞、陈福星、陈清吉、高敬廷等相继被邀为校董。

林珠光首先倡捐八千元。

一九二四年春改校名为“双十商业中学”，学制四年。一九二五年春季，设商中一年级、二年级两班，预科一年级、二年级两班。一九二七年二月，校董会改行董事长制，由林珠光先生担任第一任董事长，余金隆、石鼎宗、白嘉祥、杨辉煌四先生担任常务董事，常年经费大部分由林董事长捐助。同年秋季改行新学制，分高中、初中两部，各三年毕业，并改校名为“双十中学”。[1]

圣才先生说，黄其华先生是陶行知教育学说的实行者。

陶行知为杜威的得意门生，笔者认为他的教育思想与杜威民主主义教育学说血脉相连，尽管终生着力于平民教育尤其是改造农村教育的陶行知似乎更平民化一些，毕竟中国国情与美国不一样。陶行知是当时开放的中国吸纳西方文化教育成果并力图在中国实施新式教育的身体力行者。当时中国这样的人很多，民国教育由晚清教会办学开始，兴盛于无数志同道合的中国知识分子的努力。仅仅在厦门就有黄其华、张圣才、邵庆元、沈省愚等，他们有的是同人办学，有的在教会学校供职并独当一面。从前辈们的口述实录看，当时这些优秀学校的一系列举措，仍然令我们深思。

双十中学教学行政主要由黄其华先生主持，张圣才先生主要做政治工作，用现代的话应该说是“德育”，但这个德育

1　黄其华:《厦门私立双十中学简史》,《福建文史资料》一九八八年第二十辑。

黄其华（左一）、沈文炳（中）、张圣才（右一）合影

与当时国民党的“党化教育”无关。

张圣才初出茅庐，血气方刚，处理事务却能多层面思考并能事事出于公心与爱心：师生摩擦成僵局，不开除弱势学生，却劝才华横溢的教师辞职，这是现在的人很难想象的。尤其当时双十办学经费不那么宽裕，师资力量不那么充足的情况下，洪得胜先生与学生冲突，负气宣称：若不开除此生，他必定从双十辞职。洪得胜和张圣才先生关系非常好，但圣才先生仍然坚持不开除学生而让好朋友洪得胜辞职。

基督教的“大爱”，贯穿着圣才先生的一生。

洪得胜先生是鼓浪屿草根阶层出身，与张圣才先生一样曾经就读于当时位于东山顶的寻源中学，年纪轻轻教学能力就很强，个性很强但是个“从不作假的人”。当年的鼓浪屿，有无数这样从贫民中脱颖而出的“高手”，比如由马侨儒先生重点培养的、曾经在全省教会小学会考中夺冠的庄克昌先生。

因家贫未能读大学的庄克昌先生是圣才先生在寻源中学的同学，当时在厦门报业和教坛上均颇有名气，抗战爆发后辗转菲律宾，执教于中正中学，留下一部字字珠玑、颇具文史价值的《庄克昌诗文存》。[1]

我在学校主要做政治工作，所以学生的政治活动跟我很有关系。在国民党背叛革命后，反动政府对学校管制很严，反对学生会这个组织，下令改成学生自治会，不准学生从事政治活动。我在这个学校里，经过黄校长同意，又恢复了学生会这个组织，学生会对国民党的统治采取了对立的态度。学生会会歌是我做的，全部三节，我现在只记得一节，反映了那时学生的思想情况：

双十，双十，我双十，滔滔生命之流，飞依独尽不止息。绵绵万古千秋，冲破社会旧壁垒。真理彻底追求，创新人类关系史，保障平等和自由。

同学，同学，光明路上去吧！热血涌上来了！叫那黑暗魔王，跌下宝座吧！黑暗魔王呀，跌下你的宝座吧！

这个会歌有三节，后两节我忘了。从这里可以看出当时学生的思想意识与革命针对性相当明确，那时我们认为蒋介石背叛革命之后是黑暗魔王，是我们革命的对象。因为这个，国民党下令禁止我们唱会歌，要解散双十中学学生会，虽然没有抓人，却也造成很紧张的情况。

1　张圣才口述，泓莹整理：《张圣才口述实录》，广西师范大学出版社二〇一六年版，第六十二至六十五页。

双十中学是有爱心的学校，难得开除学生。

按我的记忆，我是没有开除过学生的。但有一次，一个学生陈承基，他是毕业班学生，比较调皮，在运动场讽刺女运动员，体育教师认为这很没礼貌，向学校教职员会提出开除这个学生的要求。这个体育教师叫洪得胜。

洪得胜先生是双十十几年的老先生，数学教得极好，兼教体育和音乐，是非常优秀的老师，但他对学生有成见，一定要开除陈承基，这个见解与我和黄其华是相悖的。学生初入学校犯错，应该要原谅他，孩子是需要教育才来学校的，有问题应该是教育而不是开除；至于高级学生，已经入学三五年，竟然再犯不可原谅的错误，那就是应该由学校负责，证明我们学校有毛病（没有做好）。

因此洪得胜先生要求开除陈承基的时候，学校开教员会来讨论。

三十多个老师参加。会上老师们辩论很激烈，洪得胜坚持一定开除陈承基，他才愿意在学校待下去，否则他要离职。好几个小时的讨论，这个会从八点开到夜间，天都快亮了，争论得很厉害。我坚持这个学生要留着，原因是国民政府教育部禁止被开除的学生重新入学，陈承基如果被开除，其他学校是不能收的，也就是说一旦开除，他将永远失学。此外，这个学生确实调皮，若在学校，我们可以继续教育，若开除，他就肯定没前途了。陈承基是寡妇的儿子，母亲只有这个儿子，很重视这个孩子，如果开除。家庭就会发生很大的问题。

教员会开到最后，争辩终于成熟。我就做了一个结论，我说为了陈承基这个学生的前途，主张还是不开除他，洪得胜老师如果确定这样他要离开，我们就赞成，原因是陈承基若被开除了，晚景（将来）肯定不妙，就很可悲了。而洪得胜先生是厦门闻名的数学教员，是多面手，他辞职，明天就可以找到工作，甚至可能有大学来请他去做讲师，离职对洪得胜的前途毫无影响。我请大家举手表决，是不是让洪先生离开，保留这个学生。后来，多数人赞成我的主张，洪得胜先生那一刻起就宣布第二天离开学校……

举这个例子说明学校对学生非常关心。

名师任课

爱国奇人張聖才
博爱人生
抗日英杰
谍海奇才
蔡燕生 著
當代中國出版社

专稿四：

爱国奇人张圣才[1]

理想寄托在小弟弟身上。然而，多少年来，他依然不停地追求与探索。圣才心中明白，大哥每前进一步，所付出的代价是成倍的，如今，又接办报纸，需要有人帮忙，能袖手旁观吗？显然是不行的。而且要全力扶持。

于是，张圣才出任《思明日报》主笔。

一

张圣才接任《思明日报》总编辑之后，对报纸版面进行全面改革，从政治型为主改为生活型为主。新的办刊面貌，赢得了广大读者的喜爱，报纸销售量与订阅量与日俱增。就在这时，老朋友黄其华来访了。

他们在一九二三年就认识了。那时，黄其华在福州青年会中学念书，是个基督徒，还担任基督教青年会会长，他和张圣才认识后便推荐张圣才出任副会长。从此，他俩经常在一起，相互交心，建立了很深的友谊。

黄其华的经历与张圣才很相似，同样出身于一个农民的基督教家庭，父母亲都是虔诚基督徒。可是，在那满清末年，清廷腐

1　蔡燕生：《爱国奇人张圣才》，当代中国出版社二〇〇三年版，第五十四至六十七页。

败、列强入侵、军阀混战、苛捐杂税，加上常年旱水之灾，搞得农民们的日子非常难熬。由于家贫，黄其华从小无法上学。父母为了培养他识字，用圣经当课本教他，也使他认识了神。他长大后，常对人家说：“我阿妈从小就教我要做到三句话：一，要做个对人有益的人；二，宁可让人家多得一块钱，也不可亏负人家一分钱；三，记住，施者比受者更有福。”这三句话，成了黄其华一生的格言。后来，黄其华在教友关心下进了小学，后进集美师范部，又在恩师黄幼恒先生的资助下，先后进了福州英华中学、青年会中学。

在接触中，他们和热血青年一样谈论救国、谈论国家前途。他们认为。国家的贫穷、落后，是因为人民无知、愚昧。要拯救祖国、民族的贫困，必须先行教育；只有知识，才能提高觉悟，才能救国救民。

黄其华于一九二四年秋季毕业于福州青年会中学。返回厦门时，遇到了马侨儒先生。马先生是“厦门双十乙种商业学校”的创办人、爱国华侨。马先生对其华说：“终于盼到你回来了。”接着，说他准备出国，学校停办可惜，想把学校交给其华办。黄其华无比高兴，连声感谢，并一再表态，一定努力办好，绝不辜负期望。

黄其华是一个谦逊的人，他满口答应马侨儒先生的厚爱，主要出于他对教育事业太偏爱了。但他自己心中明白，要办好学校，并非轻而易举的事；也明白自己学识、实力还不够。因此，他想起好友张圣才，想请他合作，便匆匆赶来了。

黄其华对张圣才说："教育事业，是我们的共同心愿。如今有这个机会，总不能错过。"

张圣才完全理解他，真诚地说："我赞成，我会支持你。"

黄其华说："不，是合作，携起手来一起干。"他说："过去，我们不是非常赞赏陶夫子的教育思想吗？而且还有过争论。如今，我们便可以试一试嘛。"

张圣才说："我同意，我尤为赞赏陶行知那三个统一。生活要与教育统一，社会与学校也要统一，教、学、做更应该统一。显然，这其中教、学、做的统一尤为重要，可以说是教育的灵魂。"

黄其华说："不错呵，陶夫子认为教、学、做是一件事嘛。不过，他却认为做是中心。他主张'在做上教，在做上学'，'教的法子要根据学的法子，学的法子要根据做的法子'。他还强调说：'从先生对学生的关系说，做，便是教；从学生对先生的关系说，做，便是学'。他还要求'以教人者教己，在劳力上劳心'。我把这些概括为四句话，不知道对不对，那就是要求工作者以身作则，为人师长，言行一致，理论结合实际。"

一谈起陶行知的教育，黄其华就滔滔不绝，说个不停。他说："要实行陶夫子的教育方法，就要极力提倡师生生活打成一片。教师的教学场所不限于教室，学生各种课外活动，如体育、音乐、美术、戏剧和各学科研究会以及社会服务活动都要参加，尤其爱国运动，师生要并肩前进……"

显然，黄其华对教育事业的精心研究及独特见解，深深地打动张圣才。他说："我非常佩服你的研究精神，而且研究得很深，很透。”

黄其华说：“你别夸我。说实在，你我都是理论见解，夸夸其谈，还需要去实践呢。”

张圣才说：“首先要有理论嘛。不过，我觉得陶行知的教育思想，比较适宜于普教。如果能把商校改为双十中学就更好了。”

黄其华说:“我也是这么想的，为什么我想什么，你也想什么？”

说着，两人不觉哈哈大笑起来。

然而，人世间许多事不像人们想像那么理想。当这两位教育迷忙于申请时，政府却没有批准。原因是，黄其华中学毕业，不能担任中学校长。

黄其华说:“没关系，你是王牌的协和大学毕业，我看是可以吧。”

张圣才说：“那不行，你不当校长我不干。”

黄其华说:“其实，你我之间，谁当都无所谓。是你非要我当，才落得没批。”他说：“现在不要争了，首先我们还是先争取批准要紧，否则，就没戏唱了。”

张圣才说：“可以，用我的名字再报一次试试。不过，有言在先，一旦批下来，你还是校长，我是副校长。”

黄其华说：“我都无所谓，你为何这么计较？”

张圣才说：“说实在，你已经具备一个教育家的雏形，完全有能力办好学校。而我还有报社总编工作，我又不能不干，因为我大哥辛辛苦苦培养我念书，我可不能辜负他呀。不过，教育事业是你我的心愿，我一定全力支持你。”

黄其华只好点头。第二次申请，终于批下来了。黄其华出任双十中学校长，张圣才出任副校长。

二

双十中学校址就在鸿山寺后面的“外清箭场仔”，有一座两层楼的校舍。上下八间教室，只有一个排球场，左、右、后三面都是荒山野岭，再向后往上便是禅师公岭，接连五老峰。他们接办后，对学校环境进行了改造，带领学生把校前的箭场仔和旁边坟地开辟为田径运动场，又在大楼左、后面开辟学生宿舍、临时礼堂等基地，使学校初具规模。

在教、学、做的实践过程中，他们体会到合群的重要性。他们认为，无论做任何事，只有群策群力，通力合作，才能把事干好。于是，他们反对个人主义，提倡集体主义精神。对此，黄其华概括为“群力”两字。其精神便是“精诚团结，万众一心”之意。他认为，这颗心会让团结力永放光芒。

三

黄其华和张圣才为了办好双十中学，不惜重金从全国各地聘请一流的教师，实行论质付待遇。他们不怕教师的薪金比自己高，如当时他们的薪金八十元，而在老师中每月工薪一百至一百二十元的大有人在。平时，他们还十分关心老师的生活，帮助他们解决困难。逢年过节时，他们还要逐家逐户地去探望老师。学校的经济开支向来公开，他们把账簿存放于办公厅，让老师随时可以览阅。

在陶行知的生活教育思想指导下，双十中学试行“生活指导制”，取消教务处和训育处，创立“生活指导委员会”。他们提倡教师不光在教室内指导学生学习，学生在校外和家里的一切生活，随时随地的一举一动都是教师关心的范围。黄其华说：“教师必须管教管导、教书教人、深入学生，全面负责。”他以身作则，做出榜样，并曾经搬进学生宿舍，日夜与学生生活在一起，亲如家人。黄其华还将原《厦门双十乙种商业学校》校歌作为《双十中学校歌》[1]：

钦吾侪学生，雍融相聚一堂。
鹭岛上，鹿洞旁，共研磨，发奋图强。
一班班，一行行，气象煌。
勤毅信诚，敬业乐群。
同志记着匆相忘，努力为国争荣光。

而且，将校歌词中的“勤毅信诚”作为双十中学的校训。

他们从学生进校之日起，便关心每位学生的学习和生活。新生入学个把月后，他们就能直呼学生的名字。他们对学生从无偏爱，更无偏见。正如黄其华所说：“学生一进校，就是我们的孩子。我们对孩子是不能有偏心的。”在黄其华担任校长期间，每星期还要上十二至十八课。他把学校当作自己的生命一样，很少离开

1　该校歌是首任校长马侨儒先生请其国文教员贺仙舫先生作词。马校长还将歌词“勤毅信诚”作为校训。

学校；即使有事离开，不到两小时就要打电话回校询问学校有什么情况。

张圣才与黄其华有着共同的理想、抱负。他们的工作配合得很和谐、默契，两人的关系从生活到工作，愈来愈亲密无间。在学校的事务上，两人虽然有所分工，但仍然是相互研究；互相鼓舞，配合得很好。黄其华偏重于教务；张圣才偏重于训育，热心培养学生爱国爱校。

黄其华与张圣才办学的最大特点是爱生如子，他们认为，没有爱，又如何培养呢？

有一次，运动场上有位毕业班男生，叫陈承基，比较顽皮，他用难听之语挖苦、讽刺女生运动员，体育老师洪得胜认为这种行为极不礼貌，便向学校提出开除这位男生。

洪得胜老师已有十多年教龄了。他任职期间，不仅数学教得好，而且还兼任体育、音乐课，可谓是一个多才多艺的好教师。如今，他看见这位男学生的“流氓”行为，极为愤怒，认为如不开除，会败坏校风。然而，他的意见却引起了争议。

张圣才认为，如果学生刚进学校犯错误，这是因为他还没有受到教育，应当原谅他，因为他正是需要教育才来学校的；如果来学校后犯了错误，只应该用教育的方法，而不是开除他；如果已经到校多年的学生，经过学校多年的教育，竟然又犯了不可原谅的错误，这应当是我们的责任，说明我们的教育方法还有弊病，也不能迁怒于学生。

张圣才的意见，首先得到黄其华支持，有些教师也表示同意。

可是，洪得胜老师始终坚持自己的意见，他认为，对学生不“严”，校风正气就树不起来。于是，他要求校方再三考虑，如不采纳，他将辞职。

学校为了妥善处理这件事，召开教职员会议，让全体教职员一起讨论、决定。会议从晚上八点开到凌晨三点。会上，教师们各抒己见，发言踊跃，争论激烈。终于观点上逐渐统一起来。老师们分析了当时情况指出，按教育部有关规定“凡被开除的学生，禁止到另外一所学校继续升学”，陈承基如果被双十开除，他就要永远失学；如果将他留下来，学校还可以教育他，让他有改正、进步的机会。

张圣才对此问题非常慎重，在召开教职员会议之前，他先后几次找陈承基谈话，又做了家访。知道陈承基是个寡妇的儿子，为了培养他念书，母亲给人家做繁重的外工，省吃俭用，希望孩子将来有个职业干。显然，若是学校开除了他，这将会给他家庭带来什么灾难？于是，张圣才最后在会上做了小结，说：“为了替陈承基同学的前途着想，我主张学校不开除他。关于洪得胜老师一定要离开我们学校的问题，我表示非常惋惜，但我也只好赞成。我的理由是，这位学生如果被开除，等于断送了他的前途，他的前景将是可悲的。而洪得胜老师，是厦门有名望的数学教员，而且音乐、美术、体育都能教。像他这样有多学科专业知识的老师，若是离开立即就会被其他中学聘去，甚至大学都可能聘他。所以，对他的前途毫无影响。”

最后，会议用举手形式表决，大家一致同意张圣才的意见。

以上述说的例子，可窥豹到黄、张在主持双十中学期间，是如何爱护学生。

四

黄其华和张圣才在实践陶夫子的教育思想的过程中，可谓洒尽了心血和汗水，但也经历了不平凡的里程。然而，他俩的两颗心却永远联结在一起，对抗着一切外来的袭击，又成为人生中同舟共济、力挽狂澜的亲密战友。尤其生活在那多灾多难的旧中国时代。他们不仅呕心沥血于教育事业，还要花大半的精力顶住政坛风云变幻的袭击。他们教学生爱国爱校，而自己即是爱国爱校的典范。其所爱的国，并非那个党派执政的国家，而是养育自己成长的祖国。

张圣才所担负的政教，在培养学生的爱国思想前提下，注意引导行为的发展。尤其在大革命时期，全国上下，革命的风暴风起云涌、如火如荼。张圣才常常带领学生走上街头，宣传革命，鼓励民众，积极投入革命洪流中去。可是，到了“四九”，蒋介石背叛革命，发动政变，取缔革命团体时，连学校的学生会组织也被迫宣布取消，禁止学生参加政治活动。这下，可大大地激怒了张圣才。他指出，蒋介石背叛孙中山革命、破坏正在大发展的国共合作，是与人民背道而驰的。他面临白色恐怖，从不畏惧，引导学生与之斗争。他在黄其华支持下，立即恢复学生会。他还亲自为学生会撰写会歌：

双十，双十，我双十，
涛涛生命之流，
飞依独尽不止息。
绵绵万古千秋，
冲破社会旧壁垒。
真理彻底追求，
创新人类关系史；
保障平等自由。
同学，同学，光明路上去吧！
同学，同学，热血涌上来吧！
叫那黑暗魔王，跌下宝座吧！
黑暗魔王呀，跌下你的宝座吧！

这首会歌，既反映了学生的心声，又鞭挞了反动派。因此，大大地触怒了厦门的当权者。他们大发雷霆，火冒三丈，扬言要强行解散双十中学学生会。然而，在全校师生团结抵制下，反动派却也无可奈何，不了了之。而这首歌，却不断地在双十中学的校园里回响……

五

双十中学在黄其华和张圣才努力耕耘下，蓬勃发展。仅三年时间，由不入流成为第三流。五年后，跃升为第二流，十年后成为全省第一流中学。一九二五年时只有八十三个学生，到一九三五年增至七百三十余人（小学部四百多人），成为闽南学生人数最多的中学。一九三四年春，参加教育厅举办的全省中学毕业生会考，双十中学成绩列居第一。从一九二五年到一九三七年这十二年间，双十中学参加全市作文比赛、演讲比赛、体育比赛以及其他比赛，成绩总是名列前茅。

双十中学在全体校董和海外热心人士的赞助下，校舍也逐渐增建。原有的那一座教学楼命名为“马侨儒纪念楼”；一九二六年秋，首任董事长捐建“珠光宿舍”一座；一九三四年秋，菲律宾热心侨胞黄平洋、黄颖锥、桂华山、黄鼎铭等十余人捐建礼堂一座；曾任菲律宾中华总商会主席洪开年，捐建图书馆一座；一九三五年春，卓全成、陈福星两位校董捐建商科教室四间；同年一月，侨胞胡文虎兄弟捐建一座“虎豹体育馆”；还有厦门校友捐建办公厅和会议室一座……

一九三七年抗战，双十中学搬到平和小溪。抗日战争胜利后，又迁回厦门。那时，学校财产都留给小溪一位牧师，另办一所中学。回来后，重整家业，得到很多海外热心人士的支持，经两个月艰苦奋斗，这个学校又恢复了旧时的面貌，直到1949年解放……张圣才说：“双十中学自创办以来，能取得一定的成就，主要归功于黄其华辛勤耕耘和师生的共同努力，当然我也出了一份绵薄之力。”

六

刻骨铭心的师生情谊，始终伴随着张圣才和他的双十中学学生，直到永远。

尊师爱生，是双十中学一大特点。老师疼爱学生就像疼爱自己的子女一样；学生尊敬老师就像尊敬自己的父母一样。毕业出去的学生，不管离校时间长短，不论在任何场合，只要见到他的老师，总是敬重爱护有加。在张圣才的传奇一生中，不知有多少双十中学学生（其中有许多他不认识，但学生却认识他的），在张圣才遇难遇险时，学生们都会挺身而出，协助营救，在以后章节里将作介绍，这里仅例举一二。

一九四五年六月，张圣才从菲律宾乘军用飞机来到昆明时，天色已暗下来了。他赶紧寻找旅馆歇息。哪知道，找了好几家，都说客满了。他很着急，又赶到一家旅馆，还是被以客满为由，遭到拒绝。

忽然，背后传来一个声音：“王经理，这是我的老师，你怎么说没房间给他住呢？”

张圣才转头一看，原来是原双十中学学生郑忠梧，从他的着装可以知道他是个航空人员，大概是在空军或航空公司服务的，他与经理很熟，帮老师解决了住宿问题。

一九四五年七月，张圣才由重庆到永安，住进旅馆。有人在他房间门口喊他，他抬头一看，是陈火甲，也是双十中学学生。

火甲没问他别的，只说一句：“老师，你需要我帮做点什么吗？我在这里听候你的吩咐。”

张圣才说：“火甲，你去帮我买个籐笼子，好让我装东西。”

一会儿工夫，火甲就提着籐笼子急匆匆地回来了。这种深厚的师生情谊，在别的学校很少见到的。

一九四八年年底，张圣才从香港要回厦门，带了一箱子政治宣传品，乘飞机回来。那架飞机的驾驶员名叫刘领赐，是双十中学学生。这架飞机经过广州上空后，忽然又转头飞回广州机场降落。飞机一到了机场，就有二十多个宪兵马上包围了飞机，要上机搜查。张圣才担心宣传品被搜到，赶紧对领赐说："我这些是宣传品，你赶快把它提到驾驶室藏起来。"

结果宪兵查不到任何东西就走了。张圣才拍拍领赐的肩膀说："飞机本来没有停广州的必要，你为什么又飞回来呢？害得我差一点被抓走。"

领赐说："唉，你有所不知，若是别人坐这架飞机，我就管不了许多了，正因为是你坐的，我只好转回。"他说："飞机起飞十多分钟后，我听见有异常的声音，我怕飞机失事，而你又在机上，我只好转回来检修一下，哪知道会发生这种事？"

从这里，可以看出学生对老师的安全是何等重视。如此例子，列举不完。由此可见，双十中学创办以来，校长和老师不仅大抓教学质量，而且对学生德育的培养十分重视，这是后话。

廈門雙十中學校
十五周年報告冊
中華民國廿三年十月卅一日出版
厦门市图书馆
2408816

专稿五：

校　史[1]

厦岛屏蔽东南，绾毂中外，为五口通商之一；商业上之地位如是其重要，商业上人才之养成亦自然亟亟。前乎吾校，盖未有商业学校之设立，而吾校之产生，实为应此需求而设者也。

创始人前校长马先生侨儒于民国九年双十节日与董事余金隆、蔡鹤友、白嘉祥、杨辉煌、林昭荣诸先生创建本校。赁临时校舍于霞溪仔，创办乙种商业学校，旋林珠光、石鼎宗、陈文升、林怡山、杨天乞、余宗模、陈福星、陈清吉、林逢春、梁绳国、高敬廷诸先生相继加入校董会，规模略具，此吾校之始胚也。

民国十一年，募资捐建新校址，承诸热心家慷慨解囊，更承林珠光先生捐垫巨款，因得于外清保箭场仔花园地奠今日校舍之基。翌年迁校，仍因旧制，十三年始改为商业中学，四年毕业，附设预科，二年毕业。十四年春，黄其华先生来长教务，多所设施，生额陡增，气象一新。不幸马校长于是年八月溘归道山，至今楼北尺坟，犹萦全校梦想也。

民国十五年春，校董会聘请青年会总干事王宗仁先生兼长本校，得教职员协力推进，凡百计划，均以次实现，十六年二月，更承林珠光先生许任本校校主，兼就董事长之职，独肩常年经费，本校得此实力上之扶植，至今幸不甚感经济上之艰虞，益可期前

1　原载《厦门双十中学校十五周季报告册》。

途之展大，所赖于林先生者，殆未有艾也。

是年八月，改行新学制，分为高中、初中两部，各三年毕业。旧制商科除原有四级外，不再招生，十七年一月本校第一届商科学生毕业。斯时来学者渐众，林校主乃捐建学生宿舍一座，占地五十方丈，可容学生百人，于是年七月落成命名为珠光宿舍。

十九年七月，王校长以青年会会务忙繁，辞去兼职，八月由黄其华先生继任。时初中第一届学生毕业，应添设高中部。黄校长极力擘划，不遗钜细，添办大批理化仪器药品及图书等，规模大具。又将原有礼堂改为图书馆，添建临时礼堂一所。高中分设商科、普通科，学生四十余人，初中每期招生，分六级，学生二百二十余人。

学生额数历来均有增加，校舍扩充，自为必要，此时校董会曾拟建礼堂与第二学生宿舍与前置山地，兴工半月，忽接前路政处函阻，谓该山地积土，须移以填堤岸，因此波折，乃告停顿，至今三年，益感需要。

二十二年二月，初中高中两部均得教育厅许可立案，然终因校舍关系，于同年七月停办高中，至本年七月，以谋多数初中部毕业生升学之便，始续办焉。

本过去之经验，黄校长及同人等觉现行学校组织诸多妨碍学生生活整个之发展。乃于二十三年一月改行生活指导制，将人格之培养，思想之领导，以及智识健康之训练，打成一片。教育效率，于以大增。其详另见生活指导制度专号。学生人数进至三百四十人。

至于校舍，则正在积极筹募扩建中，期于明春可以观成。

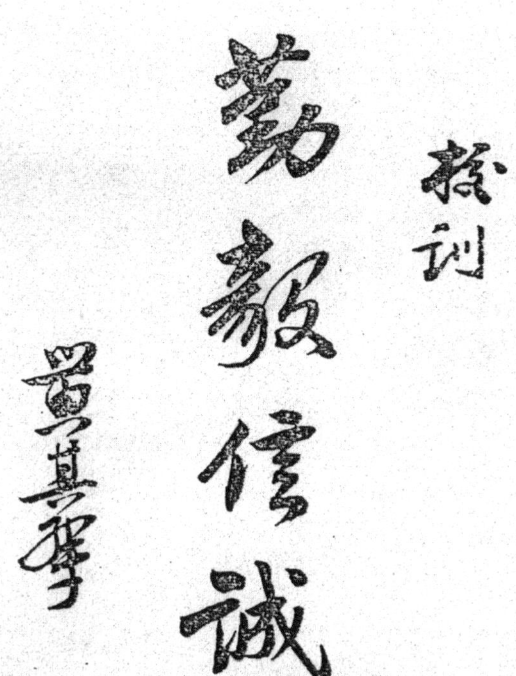
校训
勤毅信诚

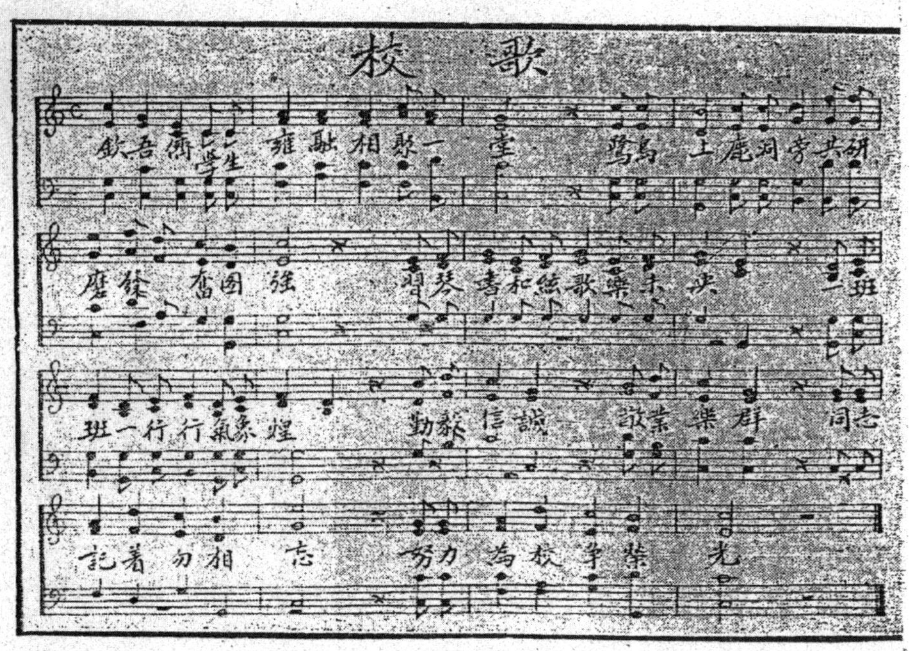
校歌

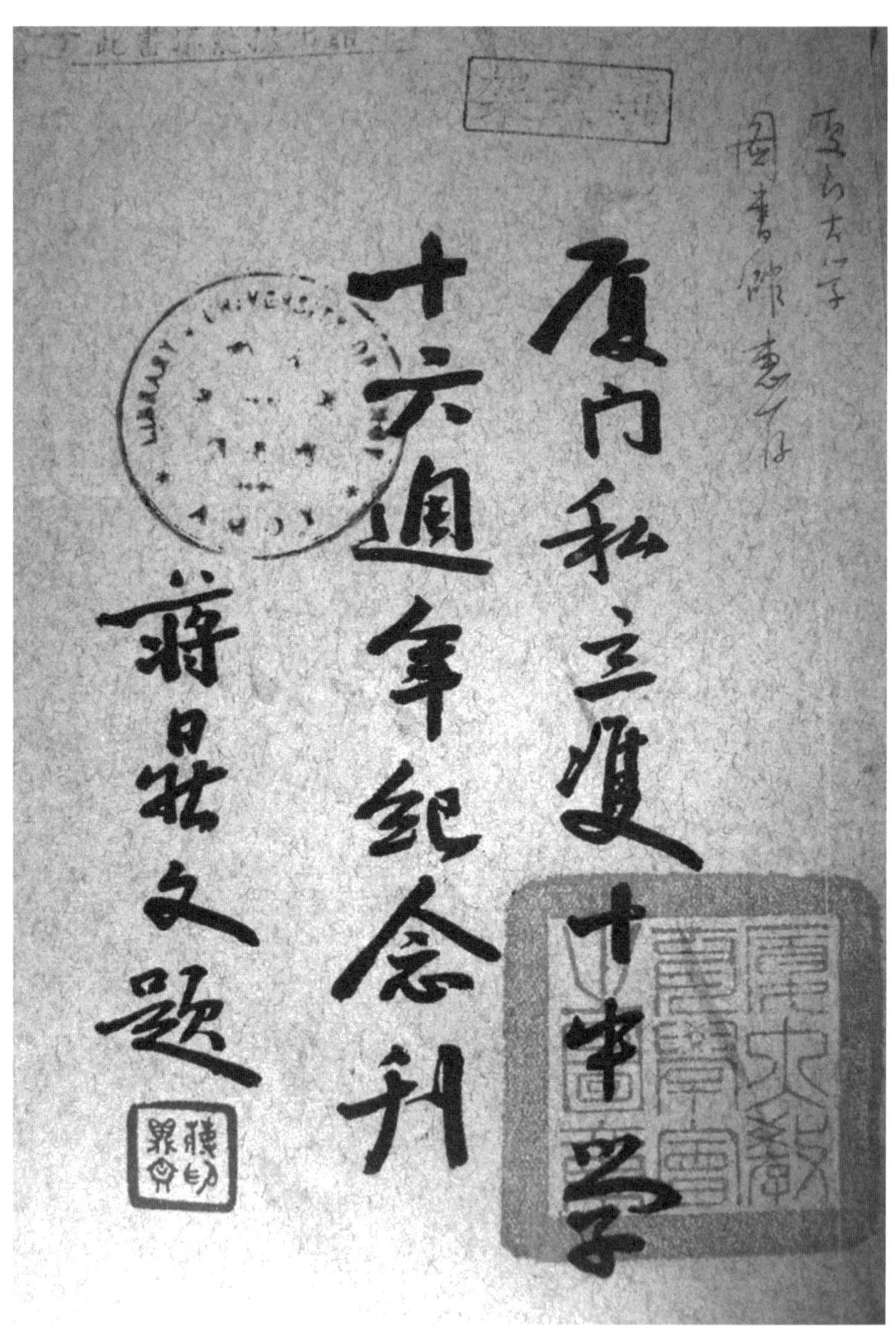
厦门私立双十中学
十六週年纪念刊

专稿六：

校　史[1]

厦岛屏蔽东南，绾毂中外，居通商五口之一；商业上之地位，既如是其重要，商业上人才之养成，亦为当务之急。厦地前乎本校，盖未有商业学校之设立，而本校之产生，实为应此需求而设者也。

本校创始人前校长马先生侨儒于民国九年双十节日与董事余金隆、蔡鹤友、白嘉祥、杨辉煌、林昭荣诸先生创建本校，即以双十命校名，赁临时校舍于霞溪仔，创办乙种商业学校，旋林珠光、石鼎宗、陈文升、林怡山、杨天乞、余宗模、陈福星、陈清吉、林逢春、梁绳国、高敬廷诸先生相继加入校董会，规模略具，此为吾校之始胚。

民国十一年，募资购地建新校舍，承诸热心家慷慨解囊，更承林珠光先生捐垫钜款，因得于外清保箭场仔花园地奠今日校舍之基。翌年迁校，仍因旧制，十三年始改为商业中学，增购山地五百余方丈。十四年春，黄其华先生来长教务，多所施设，生额陡增，气象一振。不幸马校长于是年八月溘归道山，至今楼北尺坟，犹萦全校梦想也。

民国十五年春，校董会聘请厦门青年会总干事王宗仁先生兼长本校，得教职员协力推进，凡百计划，得具雏形。十六年二月，更承林珠光先生许任本校校主，兼就董事长之职，独肩常年经费，

1　原载《厦门私立双十中学十六周年纪念刊》。

本校得此实力上之栽溉，至今幸不甚感经济上之艰虞，所赖于林董事长者，殆未有艾也。

是年八月，遵部令改新学制，分高初两部，旧制商科不再招生，十七年一月第一届商科毕业。此后求学者渐众。林董事长又捐建学生宿舍一座，占地五十方丈，可容学生百人，命名为珠光宿舍。

十九年七月王校长以青年会会务忙繁，辞去兼职；八月，由黄其华先生继任。适初中第一届学生毕业，应添设高中部；黄校长极力摒营，不遗钜细，添办大批理化仪器、药品及图书等。经艰难擘划，气象蓬勃，如暾出东方。其时高中部分设商科、普通科，学生四十余人；初中部设普通科，学生二百二十余人。

学生额数既增，校舍扩充自为必要，校董会曾拟建礼堂与第二学舍与前置山地。兴工半月，忽接前路政处函阻，谓该山地积土须开掘以填堤岸，工事因告停顿。后此四年之间，地限其利，颇呈迫蹙之形势。

本过去之经验及检讨之结果，黄校长及同人等认一般之学校组织不无分裂学生整个生活之发展，乃于二十三年一月改行生活指导制，实施“教、体、训”合一之教育。将人格之培养，思想之启发，健康之训练，打成一片。历试至今，效率颇著，对教育制度之改革，诚不无小补也。

自民国二十年至二十四年，本校精神上之建设，超越物质上之发展，校务月有新猷，学生数每学期均有增加，旧有校舍，难以容纳；乃外间景气不佳，恢宏校宇，力不从心。二十四年春，黄校长远渡菲岛，向各埠华侨募集建筑金，又得本埠人士之慨助，爱鸠工庀材，不及一年，新礼堂及科学馆已卓立高耸于磐石之上矣。国内外同胞对本校爱护扶植之热枕，与黄校长不畏劳苦之精神，诚可共此堂而不朽。至校中同工各捐薪一月充建筑费，仗义急公之枕，亦不泯焉。

在此大扩充期中，自小学临时教室，办公室、商店以至厕所，接连完工。半月前未至本校者，至是一入校门，辄诧其扩充之神速。更有足纪者，即为校地之扩展；本校西偏南偏诸山地，旧为青年会所购得，二十四年秋林董事长返国与该会磋商之结果，由本校削价收买，计一千两百方丈，倍本校固有之面积。市工务局杨子玉局长又许就四周公地重釐界线，助完本校之整个规模。自民国十一年购花园地至今，指点递嬗之痕迹，竟以附庸蔚为大国焉。

同时添办附属小学，聘黄本源、石鼎宗、伍远资、陈志伦、黄其华、杨文榜、郑永辉、丘廑兢、柯希天、陈景苏、茅乐楠、吴幼莼、苏清江、陈尚贤、陈后潮、沈文炳、叶沧河、刘集德、陈道亭为小学部校董。此时中学部学生数五百余人，小学部四百余人，教职员四十余人。

二十四年冬，胡文虎先生莅校参观，捐款万元，建筑虎豹体育馆；又承其慨诺任本校永久校董，恢闳廓之规模，措坚稳之基石，胡校董之盛功，诚可与本校俱永矣。本年二月，此宏大之体育馆由王儒堂博士主奠基礼，今工事既竣其半。

本校十六年来艰难缔造之功，至此可告小成，史迹昭然，斑斑可考，过去区区，亦只本校奋斗史之第一页而已。然力不自尽，功不自满，则此后种种，又正方兴未艾也。

陈嘉庚研究之四
民主堡垒 革命摇篮
——集美学校与厦门大学
中央文献出版社

专稿七：

在隐蔽战线坚持斗争的几件事[1]

一九四八年，我在厦门大学读书。当时，经赖仕长、蔡师雄介绍，我以余致新的化名加入中共(闽中)地下党组织，党给我的代号是“四二一〇”。

一、打入厦门“三八一一”特务组织

我入党时，我有个哥哥叫林嘉国，是军统特务。一九四九年七月底八月初，我发现林嘉国在禾山区筹备组建“三八一一”特务组织，我即将有关情况向赖仕长汇报，并请示该如何处置。一日傍晚，在大同路蔡师雄家楼顶天台，赖仕长代表党组织派我打入“三八一一”特务组织。他交代的任务是：(1) 注意黑名单，掩护身份暴露的同志。(2) 注意了解特务组织内部情况。(3) 尽量利用“三八一一”这块反革命组织的招牌来进行革命活动。他交代的注意事项是：要我假装爱钱、市侩、庸俗。要我假装反动，有时甚至要说几句反动话。总之，不能表现思想进步，以免引起敌人注意。

林嘉国筹建“三八一一”时，正需要人抄抄写写，做文书工 作，我以需要钱为由，要求参加，双方互为需要，一拍即

1　原载林嘉禾：《民主堡垒 革命摇篮——集美学校与厦门大学》，《陈嘉庚研究之四》，中央文献出版社二〇〇一年版，第四百零八至四百一十六页。

合。我打入“三八一一”后，领到一本派司，上印“国防部三八一一”部队，当时委任我为上尉秘书，并领到布符号一枚，上印“九八七一”。

“三八一一”系蒋经国组织成立的特务组织。我领到以上证件后，便交赖仕长验看，并研究今后工作如何开展。

二、策动特务林嘉国起义

一九四九年八月上旬，厦门军统站动员林嘉国撤离厦门，我将这一情况向中共厦门工委委员叶绍书汇报后，叶分析说：特务大都是看风驶舵的，眼看国民党要垮台了，有可能争取他来为我所用。他要我公开露出共产党员身份，策动他起义。如他肯起义，保证他解放后生命财产安全，立功受奖。叶说，如策反成功，下一步怎样做再说，为了防止有人跟踪，他要我千万注意。如策反不成功，叫我不要再找他联系，马上撤离厦门。叶交给我一张极小纸条，上写“四十四、三十二，此人系紧急撤退，市二〇一、二〇三。”

他让我万一发生不测，要到安海复兴客栈找颜松滨，他特意交代，一定要在确认是自己人后才交出那小字条。

林嘉国眼看国民党大势已去，他个人非常彷徨。经我策反，他同意起义。我把情况告诉叶绍书，叶作了如下指示：

一，把“三八一一”反革命组织，改造成为革命武装挺进队，以配合我人民解放军解放厦门。革命武装挺进队的队长可由林嘉国担任，政治指导员另派。

二，要他提供蒋军军事情报。

三，要他提供黑名单，掩护身份暴露的同志。

林嘉国同意接受任务，并做了一些工作。

三、掩护身份暴露的同志

我先后向叶绍书报告发现的五份“黑名单”（十五人），使得地下党员陈启浩等及地下群众方红毛等得以安全撤离厦门。

一九四九年八月中旬，中共（闽中）地下党发动全市张贴人民解放军布告《约法八章》，这对国民党党、政、军、特头子震动很大，他们互相探询，诚惶诚恐。

为此，禾山区反动头子召开所谓追查会，参加者有伪警局人员、伪侦缉队人员、军特人员及“三八一一”人员，我也参加了。在追查会上，敌人经过分析确定了抓捕对象。

第二天，我找到叶绍书，我在给他的小纸条上写了方红毛、许昆成、吕水亮、吕金水、叶水根、陈永宁、许谦逊、陈启贺共八个名字。我还告诉他，前面4人因张贴党的《约法八章》身份暴露了，后面四人被认定有共党嫌疑，可能不久敌人会来抓人，你得赶快设法通知他们撤离厦门。

叶绍书看了那小纸条，惊奇地问我：“陈启贺的‘贺’字，对不对，我答不上。叶又问：“陈启‘贺’是干什么职业？”我答：“邮局邮差。”叶说：“是叫陈启浩吧？”我答：“可能是，因厦门话‘浩’和‘贺’有类似音。”隔天，叶告诉我：“他们都安全离厦了。”

确知他们安全离厦后，我才写所谓告密报告给厦门

“三八一一”中队部。报告说，在禾山江头街一带张贴共党《约法八章》，发现是方红毛、许昆成、吕金水、吕水亮等人所为。另发现有共党嫌疑的叶水根、陈永宁、许谦逊、陈启贺等人。署名林嘉国、林嘉禾。但在告密报告的“日期”上我做了手脚，即把日期写成八月十九日。林嘉国也有类似的告密报告送厦门军统站。

四、智取蒋军刘汝明部队的兵力布防情报

一九四九年八月底至九月初，叶绍书带我到周景茂家，对我说，今后周景茂为联络员，“你现在要集中全力是搞蒋军军事情报，配合我人民解放军解放厦门”。随后，叶离厦。

为迎接我人民解放军解放厦门，我做了以下工作：

（1）把我安排打入“三八一一”的地下革命群众重新分为3组，指定林嘉全、郭来良、黄有庆为组长，各带组员若干名，组成革命武装挺进队，其任务是：负责在人民解放军解放厦门时到前沿做向导，做翻译。

（2）我充当家兄林嘉全的助手，利用他驾车为敌人前沿阵地运送钢材、水泥的机会，到五通、高崎、殿前去实地观察地形及布防情况。我们经常到前沿后假装迷路，到处乱跑，然后详看地形，我曾提供禾山区五通、高崎、殿前等前沿的碉堡位置、数量及布防情报；并根据实地观察，建立我军登陆突破口应选择在殿前、寨上一带。并告诫部队不要从五通登陆。

（3）深入虎穴，智取兵力布防情报。一九四九年七八月间，

因参谋长林梦飞出走，驻防厦门的李良荣部引起蒋介石的不安，蒋将李良荣部调离厦门，由刘汝明部接防。因此，在厦门，对刘汝明部的兵力布防情况出现空白，急需掌握。周景茂对我说："内地"来催我尽快提供这方面的情报。我便找林嘉国商量，经几天考虑后，我们彼此一致认为：只有冒险一拼！一九四九年九月十一十五日某日下午，林嘉国与我穿上整齐军装，带上符号及派司，来到禾山江头街尾，找到刘汝明部政工室驻地。向卫兵说明来意后，由卫兵带我们到谢振德大楼的二楼见到政工室主任。我们作自我介绍后，把特务派司交他验看，他认真验看了良久，并上上下下瞪着眼打量我们，最后，不耐烦地冒出一句："找我什么事?"我们很有礼貌地展开几张报纸，指给他看他的部队跟老百姓发生许多冲突及不体面的事，接着我们表示歉意地说，我们是本地的中央地下军，各乡各村都有我们的人，理应早日主动来找你配合工作，搞好军民关系，免得冲突。紧接着，我们拿出准备好的"三八一一"花名册一本交给他，并详细介绍各乡各村组长及组员情况。最后我们郑重告诉他，我们业已通知"三八一一"在各乡各村人员，要主动找贵军驻当地的长官联系，搞好军民团结协作，杜绝军民不愉快的事再次发生。至此，政工室主任面才露出笑容，客气地请我们坐，并请我们泡茶，他表示感谢我们的支持。我们趁机一再吹捧他劳苦功高，他满面高兴，飘飘然，讲大家都是一家人，当时的情绪很热烈。临别时，我们提出，为更好地配合贵军各驻地的长官工作，我们业已通知"三八一一"在各乡各村的组长主动找该驻地的长官协作工作，但又不知要找哪位长官才对?!担心引起不必要的误会，不知你能否给此具体的指导?政工室主任笑眯眯连声讲："可以!可以!我可以给你们一份详细材料。"他叫我们稍坐，过了一会儿，他从机密室拿出一叠纸出来交给我们，并说："我即将你们的资料传达下去，你们也将我的资料传达下去，今后大家配合，好好干。"我接到他给的材料一看，上面有师长及相关首长姓名、师部驻地，直到连长姓名，连部驻地都完完整整。我强忍住内心的喜悦，向他连连道谢后就告辞了。回家后，我详尽地看了这份兵力布防材料，它是近日前才编写好的，既完整又准确。

我得此情报后，即告周景茂，要"内地"快派人来拿走。一九四九年九月十八日天刚亮，我全家人尚睡在床上，忽闻急促敲门声。我开门看到周景茂，他急促地对我说："内地来人要拿那材料，今天中午，来人就要回内地，你带材料马上到我家。"说后他先走了，我则起床带上材料，于上午九时到周景茂家，周即带一位二十多岁男青年到我跟前，我们三人都站着，周对我说"把材料交给他"，我即将所收集军事情报，最主要是将刚到手的刘汝明部队兵力布防情报，交给他。他接过后说："厦门到安海的汽船马上要停了，要戒严了，不快走怕走不了。"他讲的是闽南话，说后就匆匆忙忙走了。解放后我才得知，当时内地游击区派陈顺言到周景茂处拿我提供的军事情报，这是游击区到厦门周景茂交通站联络的最后一次了。因为"九一八"这天深夜，由于叛徒的出卖，杀人魔王毛森在全市进行疯狂大搜捕，叛徒带特务把周景茂抓走了，周景茂最后英勇牺牲。据悉，陈顺言到周景茂处拿了那份军事情报后，当晚睡在周景茂家楼下的老元成交通站，下半夜他就听到特务到楼上抓人的叫骂声。第二天，陈顺言将那份军事情报带回游击区并交给党组织，为解放厦门做出贡献。

五、女共产党员黄兰香

我于一九四九年九月二十日被捕，并被关押在虎头山下麒麟别墅二楼一间约十平方米的房间，跟一位约二十五岁，面目秀丽的女青年关一起。我俩对角席地而坐，门口有拿枪的特务二十四小时看守，不许说话，只有在吃饭时，我俩才有机会断断续续偷说几句话。她问我："叫什么名？在外干什么？为何被抓进来？"我告以姓名，骗她说是中华中学学生，不知何故被抓。我反问她，她说她叫黄兰香，大同小学教员，也不知何故被抓来。

有一天晚上，特务叫她过堂，就在楼下，我听到特务的咆哮声、刑打声及她的叫喊声，折磨到下半夜她才回来。遍体鳞伤的她给我看手臂与大腿，青一块，红一块，她大声地说，有个叛徒指证她是共产党，她愤怒地猛打叛徒一个耳光，她对那叛徒说："你真不要脸，你追求我，叫我嫁你，我不答应，你就这样陷害我。"之后，特务逼她，要她承认是共产党，她不承认，特务就猛打她，折磨她。最后她喃喃地说，"国民党特务是不讲道理的，是野蛮残酷的，是杀人不眨眼的"，"现在讲是死，不讲也是死，不如不讲"。我明白，她是在暗示与激励我坚守党的秘密。

有次特务说可以放她回家，叫她写信叫亲人来担保，但要交三千美元担保金。她不写，特务拿来纸笔，硬动员她写。于是她写道：“某某某：我无缘无故被政府抓来关，现在说可以放我，却要交三千美元担保金，如果你认为我这条命值三千美元，那就拿三千美元来买我这条命吧!”特务看后大怒，当场把信撕破，骂她不识抬举，骂她共匪婆，如今尚为共匪做宣传。她不示弱，跟特务对骂起来说：我无缘无故被抓，又遭严刑拷打，又要拿三千美元来担保出去，这是什么道理?这是什么世界?特务自讨无味地灰溜溜走了。

一九四九年十月十日左右，特务把她押到蜂巢山，那里已挖好一竖土坑，要将她活埋。在蜂巢山的一夜，敌人软硬兼施，折磨她一整夜，她仍拒绝承认自己是共产党。直到天快亮，特务一无所获，只好将她带回监狱。

回狱后，她假装得神经病了，她披头散发，衣服不整，目光滞呆，乱喊乱叫。有几次，特务在铁窗外看她，她瞪着白眼与敌人对视，直到特务惊叫着跑开了。

从此，夜里特务来叫她过堂，她就不停地大声喊叫“要抓我出去强奸”“要抓我出去强奸”，叫得整个监狱的“犯人”都醒来，议论纷纷。特务们不敢硬拖她出牢门，只好作罢。这样一次又一次的顶着，特务无法叫她过堂。特务们千方百计要从她口中得到的东西，最终落空了。

厦门解放后的第二天，我到深田路厦门军管会报到。临走时，听到隔壁房有许多女孩在嬉笑。我推门一看，只见黄兰香躺在床上，床四周围着许多女解放军战士。我跟黄兰香打个招呼就走了。八十年代，我曾听许集美讲，黄兰香是中共（闽中）老地下党员。最近我听施能鹤同志讲：黄兰香曾在安溪被捕入狱，安溪解放后，她来厦门，曾跟当时中共（闽中）地下党负责人郑秀宝联系。

学风好

一九五八年李焕之校友（右五）回母校

专稿八：

李焕之与厦门的不解之缘[1]

他在抗战的烽烟中奔赴延安投身革命，在音乐大师冼星海的指导下，开启了音乐创作新篇章，用音乐为新中国的诞生及建设，提供了强大的精神力量；一九六〇年他倡议创建了中央民族乐团并担任团长一九八五年当选为中国音协主席；他为《中华人民共和国国歌》编写的和声和管弦乐队配器，以及钢琴伴奏谱，经过周恩来总理批准成为正式版本，传遍世界；他曾经创作谱曲的歌曲《社会主义好》，以激昂的旋律，激励着一代又一代中国人，为新中国的社会主义现代化建设团结奋斗；他创作谱曲的管弦乐曲《春节序曲》，成了各个节庆和每年全国春晚前必奏的曲目，传遍千家万户，给中华大地带来了喜庆和欢乐。他是李焕之，今年是他一百周年诞辰。这样的一位音乐大师，与厦门有着不解之缘。

第一部音乐作品诞生于厦门

李焕之因父亲英年早逝，一九三〇年（时年十一岁）随母亲从出生地香港回到福建故乡，定居厦门，先后就读于厦门竞存小学、双十中学。他幼年时期受家庭影响，经常接触广东、闽南民间戏曲及说唱音乐，如粤剧、歌仔戏、南音等，又在基督教会的

1　原载《厦门日报》二〇一九年一月二十七日，作者唐向阳。

唱诗班学唱圣诗和欧美通俗歌曲，学习弹奏风琴等，渐渐爱上音乐。

进入中学时代，李焕之广泛搜集阅读文学作品，鲁迅、郭沫若、巴金、冰心等作家的文章对他影响很大；他积极寻找学习各种音乐读物，认真研读丰子恺的《音乐入门》《生活与音乐》《世界大音乐家与名曲》等著作，积极参加学校铜管乐队，对音乐产生了浓厚的兴趣，引发了创作激情。一九三五年（时年十六岁）读高中二年级时，为郭沫若的短篇小说《牧羊衰话》中的一句话所深深打动，即兴谱曲创作出《牧羊衰歌》。这首曲子，展示了李焕之聪敏的音乐灵性，对音调的特殊组织才能，朴实无华、流畅自然的品性。李焕之在自传中说：“这第一首歌只是一次即兴创作，但从此我走上了音乐创作之路”。

后来，李焕之决心放弃读完高中，去专门学习音乐，从此开始了他长达六十五年的音乐创作人生。可以说，厦门是李焕之音乐创作之路的起点。

曾积极参与厦门的抗战

“七七”卢沟桥事变爆发后，全国的抗日情绪高涨，正在厦门学习生活的青年李焕之，也积极投身轰轰烈烈的抗日救亡运动，积极参加“厦门人民抗敌后援会”的活动。他满怀着对侵略强盗的愤激之情，与诗人蒲风合作，创作出一首又一首抗日歌曲，如《慰劳前方弟兄歌》《咱们前进》《故乡我们保卫你》《厦门自唱》等等。这些爱国歌曲，像一团团火焰，不断点燃着人民的抗日救亡热情，推动厦门的抗日救亡运动不断涌向高潮。后来，李焕之奔赴革命圣地延安，求学并任教于鲁迅艺术学院，师从音乐大师冼星海，继续投身到火热的抗日救亡斗争之中。

始终心系厦门音乐事业

李焕之始终把厦门当成自己的故乡，他在个人的自传中就说“我的故乡是闽南泉州、厦门”。一月八日，在福州参加中国音协举办的“纪念李焕之同志一百周年诞辰座谈会”时，他的长子李大康教授也亲口告诉我，李焕之老说自己是厦门人。他对故乡无比眷恋和热爱，他常常在音乐中表达这种浓浓的乡情。一九五八

一九五八年李焕之校友（左一）回母校

年，他首次回到阔别二十多年的故乡厦门，满怀激情和乡情写下《第一交响曲——英雄海岛》（后改名《第一交响曲——天风海涛》），几乎可以说是一部南音交响曲。在民族管弦乐曲《乡音寄怀》和声乐作品《白鹭女神之歌》中，都可以听到浓郁的闽南乡音。他时刻关心和积极支持厦门的音乐事业，应邀为《厦门音乐》和“鼓浪屿音乐厅”题词。一九八九年为电视音乐片《白鹭女神之歌》谱曲时已经身患重病，但他坚持按时完成作品一九九九年二月还荣获厦门市首届文学艺术创作荣誉奖。

他是厦门音乐事业的精神财富

李焕之的音乐创作和对中国音乐事业的贡献，影响、滋养和造福了一代又一代人。他的创作经验有非常深远的指导意义，是不可多得的音乐宝库。尤其是他对党、对祖国、对人民的无限忠诚和热爱，发时代之先声、热情讴歌时代之进步的使命担当，善于传承、勇于创新的艺术追求，精益求精的艺术品格和无私奉献的艺术风范，永远值得我们广大文艺工作者学习。他是厦门双十中学的骄傲，也是厦门人民的骄傲，更是厦门音乐事业宝贵的精神财富。

厦门人民为了纪念这位音乐巨匠，在厦门环岛路的音乐广场上，专门为他塑造了一尊雕像。在他的精神激励下，一代又一代的厦门音乐人，都在为繁荣厦门的音乐事业辛勤耕耘着。这些年，厦门先后成功举办世界合唱比赛，支持组建“A萌闽南语合唱团”，每年通过征歌、展演及比赛，倾力打造品牌；大力支持厦门爱乐乐团等民间新兴文艺力量的发展，举办国际钢琴节和世界钢琴大赛，持续打造鼓浪屿“音乐之岛”，厦门音乐事业这朵花，正绽放得越来越美。新时代迎来新机遇，在习近平新时代中国特色社会主义思想的指引下，厦门文艺工作者正着眼履行新使命，满足人民精神生活新期待，朝着打造中国乃至世界“音乐之城”的目标奋力迈进。

德智体

二〇〇九年，庄炎林老校友在校史馆接受采访

专稿九

忆与庄希老相处的日子[1]

一九四〇年六月，我在香港有幸与庄希泉同志认识，从那以后，友谊日增，彼此交往近半个世纪，追忆前尘，往事犹新。

一九四〇年夏，国民党在第一次反共高潮被粉碎后，又加紧了反共、防共活动，桂林风雨如磐，形势恶化，八路军驻桂林办事处被迫撤销。党从可靠方面得悉桂系特务机关开列的文化界黑名单中，有三名厦门儿童救亡剧团的同志。剧团党支部立即召开紧急会议，决定辅导员洪淩去河内躲避，另一辅导员陈轻絮去良丰朋友处暂避，我和施大德因从事内勤工作，很少露面，留下坚持厦儿团和黄花岗纪念学校的工作。适第四战区参谋长、福建旅桂同乡会理事长吴石由柳州到桂林，召开黄花岗学校董事会会议，讨论派员去香港为黄花岗学校募集基金。吴石推举我去，我把此事向党的上级负责人李亚群、刘隆华夫妇汇报，他们认为机会难逢，同意我去。吴石、张贞遂写信给吴艺夫、张澜谿及福建旅港同乡会会长庄成宗，要他们予以协助。

我在港所事已毕，乃到鸭梨洲见厦儿团团员林莹聪。鸭梨洲是闽南人聚居的地方，厦门沦陷后，许多闽南人亦逃难来此。那时，寓居香港的庄希老正在鸭梨洲倡办建光学校，聘原厦门医院

1　原载《福建文史资料》一九八八年第二十辑。作者张兆汉。

总务叶苔痕为校长。林莹聪因病未随厦儿团去越南，庄老乃把他留下，协助建校工作。我从林莹聪谈话中得知，庄老约我在九龙咖啡馆吃饭。我遵约到九龙咖啡馆，庄老正和莹聪在谈话。莹聪站起来把我介绍给庄老，这是我认识庄老之始。他态度庄重，平易近人，诚挚坦率，给我留下难忘的印象。

一九四一十二八日，太平洋战争爆发，日军在偷袭珍珠港美军基地的同时，突袭香港。十二月十八日，日军在香港登陆，肆意抢掠烧杀，香港陷入了恐怖的氛围中。在此之前，庄老曾与八路军驻港办事处的廖承志和连贯等同志联系。中共中央和南方局指示廖承志要尽快把香港的民主人士和文化人抢救出来。

一天深夜，庄老在鸭梨洲寓所与厦儿团的梁开明、林莹聪分析香港形势，认为应立即离港回内地。当晚，就分散撤离到香港市区暂避。几天后，日本情报机关人员及台湾、高丽浪人到庄老寓所，名为拜访，实为邀迫他出来搞伪维持会。庄老决定马上离港，以免陷入日敌陷阱。十二月下旬某日，庄老带着他的弟弟庄朝俊、妹妹庄妙妙、香港知名牙医张国荣、台湾同乡刘启光、庄成宗的孩子、梁开明、林莹聪等人，雇一小船，化装难民，乘深夜冒着生命危险，在闪烁的探照灯光和时疏时密的机枪声中，闯过不准通行的海峡，抵达九龙市区。随后，不顾疲惫，简装潜行，攀越崎岖山道，穿过偏僻乡镇，混在大群难民中，经过三天跋涉，到达文锦渡。在港澳交界处的日军营地，所带的轻便行李被逐件搜查。抵海陆丰后，改乘小船经韶关辗转到了桂林。

一九四二年一月初，庄老一行在薄暮中由梁开明引到黄花岗纪念学校。彼此相见，兴奋莫名。那天很冷，大家聚在厨房里，边烤火边听庄老他们讲述沿途逃难的情景。随后，由我安排他们住在附近的旅馆。

当时，桂林因敌机经常袭扰，城里居民疏散乡下，空余房屋很多，庄老便与由港逃难来桂林的前厦门海军航空处处长陈文麟夫妇合租平房数间。居住不久，搬到桂北路与从昆明来的王雨亭先生合住（王是菲律宾侨界知名人士，与庄老是忘年之交，“九一八”事变后两人在菲律宾创办《前驱日报》，宣传抗日，抨击国民党的不抵抗主义。为此，庄老后来返厦门省亲时，被国民党特务逮捕关押了一个多月）。经庄老介绍，林莹聪到聂耳的哥哥在柳州开设的银行当了秘书（林因病去世时，庄老曾赴柳州办理其后事）。在桂林期间，庄老交游甚广，凡游泳、柔道、书法等活动，均有涉猎。

一九四二年，中共南委被敌人破坏以后，叛徒郭潜带特务到桂林，逮捕了桂林市委青年委员梁耀宝。梁被捕后叛变，出卖了组织，还当上了特务。七月九日，省工委副书记苏曼、桂林市委书记罗文坤和工委交通员张海萍在逸仙中学被捕（苏、罗、张被捕后，坚强不屈，最后英勇牺牲）。十日晚，梁耀宝带特务到盛家园抓广西工委书记钱兴，幸赖房东盛某夫妇掩护，钱从后门逃脱，连夜到灵川萧雷家里躲避，得知彭维之被捕当了叛徒。广西工委就这样断了和上级党组织的联系。

当时，庄老的儿子庄炎林在广西大学读书，是中共广西大学支部书记，“七九”事件后，得组织通知，从广西大学撤出，任省工委交通员。一九四三年，他奉省委之命，急筹一笔款，以供转移和安排处于险境的同志。炎林就此事跟庄老商量，庄老说，我从香港逃难以后，身边的钱已所剩无几，只是香港还有部分资产，可以设法变卖。庄老决定自走一趟。于是，率炎林、张应仁等从湛江经澳门到香港，用船将存留在香港的全部动产运回内地拍卖，把拍卖所得全部交给党组织。

庄炎林从香港回来后，对钱兴同志说，他父亲有个比较密切的朋友，名叫张兆汉，正住在桂林，是《广西日报》记者，可能是我们党的同志。一听到这里，钱兴就说："张兆汉，我认识呀！他原是厦门的地下党员，厦门沦陷后，他带厦门儿童救亡剧团到香港、越南一带做抗日宣传。不知他现在党的关系还在不在，跟上级有没有联系？"钱兴叫炎林和庄老商量，请庄老转告，说他要找我（我和钱兴是一九三八年在厦门认识的）。一天，庄老来《广西日报》社找我，对我说"厦门一个名叫简朴（钱兴的笔名）的希望和你见面"，我这才知道钱兴已由闽西南调到广西来了。庄老还说：炎林把"七九"事件简单告诉我，希望你的组织把它转报上级。我将情况报告了李亚群同志，李指示：一，组织上同意把"七九"事件转报中央；二，向他们传达中央最近指示精神，特别是对全国抗战形势和对广西局势的分析；三，今后两方面一般不发生横的关系，倘有特殊和重要的问题，你们提出，我们转报中央。过了一段时间，等你们安排就绪以后，请你们到重庆我八路军驻渝办事处联系。

一九四四年庄炎林到了柳州，我向他传达了中央的指示，抗战形势有了较大的变化。日寇正力图打通大陆交通线，以完成其战略部署，广西即将沦为敌后。党要放手发动群众，大力宣传和组织抗日武装斗争，"隐蔽精干，长期埋伏，积蓄力量，等待时机"的工作方针，应随形势作适当改变。在这之前，庄老为了与钱兴和庄炎林密切联系，一度到阳朔居住，其住处成为党的联络站。

太平洋战争爆发后，中国正式对日宣战，全国人民纷纷要求将台澎列岛收归祖国。吴石以福建旅桂同乡会名义，召集座谈会，研究"闽台协会"筹备事宜。这时，曾参加十九路军福建事变的陈碧笙、王雨亭由昆明来到桂林，他们知道庄老早在一九二五年五卅运动后就因积极联合爱国人士，开展反日爱国运动而被日本驻厦领事馆押送台湾监禁了九个多月；抗战爆发后从马尼拉移居香港，一面主持"闽台抗日救亡同志会"，一面兴办文化教育事业，影响遍及桂柳昆渝的闽、台同乡，遂向吴石推荐，让庄老以闽台协会发起人之一的身份参加座谈。据我所知，当时，在桂林的张贞、林素园、曾希亮、叶采真、宋斐如、林若谷、陈文麟、张国荣，在柳州的陈荣芳、陈肇基、吴玉琛、雷鉴卿，在重庆的刘启光、胡守愚、朱善彰、刘成鹏、周士观等，都参加了闽台协会的筹备工作。我也以记者身份在桂林参加活动，从中开展统战工作。一九四五年抗战胜利，庄老和吴石、陈碧笙、王雨亭等离开重庆他往，是以闽台协会一直没有正式成立。

一九四四年秋，日寇为打通大陆交通线，长驱千里，侵犯湘桂路，大片河山沦于敌手。庄老在兵荒马乱之际，由桂林搭火车来柳州。他和我商量，要我爱人陈冰和他的妹妹逸梅跟他先去重庆，并说我若在柳州有事要办，可随后搭商车去。那时成千上万的难民，扶老携幼，络绎不绝地涌向车站，平常只能容纳四五十人的三等车厢，这时变成猪栏一般。不少难民搭人梯，爬窗口，蜂涌而上，在车里挤不下，就爬上车顶。不料火车过隧道时，连人带行李都被扫落下来，血流遍地，惨不忍睹。

当时国民党部队借口焦土抗战，日寇还在柳桂之间，他们就把桂北重镇金城江放火烧掉。从独山撤出时，不顾公路上正走着成千上万的难民，用地雷把公路桥梁炸掉，死伤者不计其数。美军飞机又误炸都匀，尸骸枕藉，填街塞巷，造成另一场灾难。柳州到都匀不过三四百里，但火车时开时停，甚至三四日不动，竟走了二十余日。庄老他们饥寒交迫，流离转徙，历尽千辛万苦，事后提起当时备受折磨的情景，还感叹不已。

在柳州告急时，我的上级联系人左洪涛同志把我的组织关系介绍给八路军驻渝办事处，事妥后，我和《大公报》记者曾敏之一起搭商车离柳州赴都匀，在那里和庄老等会齐后一起到了贵阳。那时厦儿团一部分团员许岱君（党员）、王憨生、叶耀来、周定南、林毓瑞等由桂林逃难到贵阳，我从庄老和王雨亭处弄来一笔钱，让他们在贵阳办美术社，以解决生活问题（以后日军续攻桂黔路，独山、都匀告急，他们去了昆明，我则去了重庆）。

在贵阳，抗日救护队的陈希民医师（与庄老是世交）曾约庄老吃饭，并请我作陪。那时，庄老还偕我及我的莆田同乡刘成鹏、王立民等人，造访了欧元怀先生（莆田人）。一九二四年在厦门大学任教时，因与学校当局意见分歧，愤而辞职，和王毓祥、林天兰等赴上海筹办私立大夏大学。那时庄老在厦门，曾激于义愤，联合各界人士予以同情。这次相见，两人都不胜感慨。

我在贵阳住了两星期，就和庄老先后离贵抵重庆。那时重庆正闹房荒，陈冰和逸梅只好住进旅馆，我则在旅馆的过道搭行军床。

在此之前，我持左洪涛同志介绍信到夏衍家里。夏衍因昨晚在红岩参加晚会，睡未起床，他嘱我到曾家岩周公馆找徐冰同志。徐要我到红岩找荣高棠同志接洽。在那里，王若飞同志与我谈话，要我作书面汇报。因我没有与陈冰打招呼，庄老不知我去哪里，后到夏衍家里，知道我在红岩，他们才放心了。

庄老到重庆以后，租缅甸华侨许文顶半爿店铺开设“建光行”（经营电石）。我和庄老商量，以该行为党的联络站，我与梁开明分别以该行副经理和店员的公开身份掩护工作。

在重庆期间，庄老参加一些重要的活动，与各方面人士多有接触。如一九四五年十月周恩来同志应西南实业协会之邀，出席他们的星五聚餐会，就当时经济形势讲了话。庄老、胡守愚、林汝良、刘成鹏、王立民、林珠光、陈冰、梁开明和我都曾在座听讲。十一月八日，重庆十团体发起举行“陈嘉庚安全庆祝大会”（庆祝陈嘉庚由印尼乘飞机安抵新加坡）。大会盛况空前，有五百多人到会，郭沫若、黄炎培、柳亚子、陶行知、沈钧儒等都参加了大会。毛主席送了一幅单条，周恩来、王若飞发来祝辞，冯玉祥送了一首贺诗。郭沫若代表文协讲话，场下掌声雷动。柳亚子先生刚上台讲话，混在会场中的国民党特务就起哄捣乱，与会者纷纷站起来制止，迫使他们逃出会场。庄老、王雨亭、刘成鹏、林汝良、胡守愚、林平风、梁开明和我也参加了大会。这次大会的情景，至今仍记忆犹新。

庄老在重庆除参加闽台协会的筹备工作外，与许文顶、陈荣芳、王雨亭、戴愧生、林珠光、庄明理、刘启光等人及新加坡傅无阙之子、陈嘉庚之子时相过从。原厦儿团的沈永时由芷江来重庆时，我还从庄老处拿十万元给他夫妇做盘缠。此外，与庄老经常接触的还有从缅甸到重庆的在《新华日报》工作的胡进迈、许涤新等。

抗战胜利后，党指示我跟庄老商量，要他去厦门重建厦南女子中学（该校是庄老和夫人于一九二二年创办的）。他说厦南女中校舍已在厦门沦陷期间被敌拆毁，无意去厦重建。不久，他去了上海，我则应湖南省政府吴奇伟的堂弟吴启燕之邀去长沙《国民日报》社任经理。

后来，夏衍同志根据上级党的指示，将在抗战时期活动在南中国的抗战演剧队的第五队和第七队由广州带到香港，组成中国歌舞剧艺（简称“中艺”），赴南洋各地开展新兴艺术与青年运动，以配合国内的民主运动。他们先到曼谷演出，然后取道马来亚到新加坡。那时我在香港，党组织要我写信给在新加坡的庄老，要他就近帮助办理入境证。后来我到新加坡时，庄老还在“巴刹”请我吃饭。

这时夏衍应胡愈之之邀，由香港来到新加坡，任《南侨日报》主笔。夏公在重庆时与我相识，他要我写文章在报上发表；胡老要我在《风下》杂志开辟一个名为“青年自学辅导社”的专栏并负责编辑；而庄老却荐我任某中学高中二年级教员。庄老那时开设“捷通行”，经营苏联电影和国产电影及汇兑代理业务，庄老任董事长，刘成鹏、傅乃超为正副经理。那时，赵沨由昆明来新加坡，任华侨中学教员，吴获舟、力丁在育英中学，陈碧夫、陈冰等在小学任教，林平风在南洋女子中学任教，他们都常和庄老往来。后来，饶彰枫同志由港来新，筹办新华通讯社新加坡分社，我任经理兼《新华周报》督印人。分社成立后，开展了一系列活动，有效地宣传了党的政策，在宣传解放区光明政治的同时，有力地揭露了蒋管区的黑暗统治，从而扩大了我党在南洋华侨社会的影响，推动了华侨的爱国民主运动。在新加坡期间，饶彰枫和我还曾先后通过庄老的关系，到怡和轩俱乐部和陈嘉庚先生亲切会面，向他介绍国内情况，阐述中共的主张和政策，对我们说的话，嘉庚先生都表示赞同和理解。

一九四八年英政府颁布紧急法令，新加坡当局派员到国际书店二楼新华通讯社新加坡分社检查，拘捕了我和社中的另二个人，经我抗议，二十四小时后始予释放，但勒令我们“自由出境”。出境前，亲友不敢和我接近，只庄老在新加坡胡文虎的虎豹别墅设宴为我饯行。

离开新加坡后，我到了香港。一九四九年二三月间，庄老由新加坡来到香港，在我家住了一个月。那时，我任华南分局直属福建特别支部书记，组织“新民主福建建设委员会”（简称“闽促”），庄老、庄成宗、黄长水、王雨亭、张楚鸣、郭徽甫等均加入。

同年九月，庄老得周总理电示，专程从香港到新加坡，面邀嘉庚先生回国参加中国人民政治协商会议。十月中旬，中央人民政府华侨事务委员会成立，庄老被任命为副主任委员。

解放后，我每年参加全国统战会议，庄老都邀我到华侨大厦或他家里吃饭，或小酌或饮工夫茶。一九八二年，九十四岁高龄的庄老加入了中国共产党。一九八三年，我到北京参加全国政协文史资料工作会议，一天，炎林打电话给我，说这天是他父亲九十五岁生日，家人为他祝寿，邀我参加。我握着庄老的手，衷心祝愿他健康长寿，并以无比兴奋的心情写下一首诗；

庄希泉“永爱中华志不渝”

赍缘港九识荆州，千里转徙漓水游。

三度拘囚宁玉碎，倾家纾难亦奚踌。

望门投止海天日，矍铄廉隅孺子牛。

百岁期颐祝寿考，极目神州统一楼。

一九八八年五十二日，庄希老因长期患病医治无效，在北京逝世，走完了长达一个世纪的人生历程。他虽永离我们而去，但他“永爱中华志不渝”的高尚情操永远令人崇敬，他为祖国，为人民所建树的业绩永远留在我们的记忆之中。

附录

附录一：

怎样做个双十学生[1]

我以为，时间和空间，是构成环境的两种要素，惟因时间是不断地流动着的，而空间也要跟着个体的移动，恒常地变换，所以我们的适应环境，就只是适应那某一特定的时间和空间罢了。又因这一特定的时间和空间，是要求着这样的适应方法，那一特定的时间和空间，又要求着那样的适应方法，所以我们的适应方法，也就要随着时、空的不同而改变了。

比方，在“五四”运动以前，一个剪发的妇女，必然会被人认为是疯妇，但在现在，那留着辫条的，倒给人家看作不合时宜，再，本国人在国内讲的是本国话，但一到了外国去，就要学讲外国话，这就是时、空不同，适应方法必须改变的两个例证。要是时、空不同，而适应方法没有改变的，那就要受着环境的淘汰了。

本校创办迄今已经十六年了，在这十六年的过程中，真是时刻在求着进步，也时刻都在进步着的，单就这个学期来讲，除了许多建筑以外，对于训练学生的标准，指导学生的作业，鼓励学生的活动，促进学生的健康等等，都有更为合理的计划和设备，

1　原载一九三六年四月一日《双十月刊》创刊号。作者王探。双十中学教师。福建莆田人。（国立）暨南大学教育学士。历任永春育贤中学训育主任、惠安县立中学教务主任、漳浦县教育科长。时任双十中学副校长兼生活指导委员会主席。担任动物植物学科教学。本文为一九三六年二月二日双十中学纪念周上作为生活指导委员会主席的王探先生面对全校师生的演讲稿

并且积极地实施着。在这新同学，由着空间的变换，当然认为是个新环境，就是旧同学，由着时间的不同，也必然会感到，现在和过去，显明是两样的了。

那末，在这个新异的环境之中，究竟我们要怎样来改变适应的？换句话，究竟我们要怎样做才对呢？

我以为要适应这个新环境，做个健全的双十学生，就必须具备着下列诸条件。

第一，个人是平均发展的。学问优良，身体孱弱的，或身体强壮，学问浅薄的，一样的不配做个现在的双十学生。学问优良，身体强壮，而道德缺乏的，仍然不配。学问、身体、道德都好了，而不能与人合作，或为人服务的，也还不配。所以要配做现在的双十学生，就必须个人的学问、健康、道德、合作、服务诸方面都能平均发展的。

第二，精神是快乐的、积极的。现在一般青年学生，因受着种种的刺激，就对于自己、国家和社会，都觉得前途没有希望了，因而精神

雙十中學校學生逐日生活報告表

學生姓名　　　性別　　班次　　學號

日常生活最低限度標準項目	成績單位
1 按照規定時間六時以前起床。	
2 晨起在露天作深呼吸運動十分鐘以上。	
3 按照規定時間進飯，份量適中。	
4 三餐之外不進零食	
5 按照習慣時間大便。	
6 運動半小時以上。	
7 全身沐浴一次。	
8 衣服整潔。	
9 不隨便吐痰。	
10 本日揭露各科成績均得及格分數以上。	
11 閱過日報一種，能述本日重要新聞二三條。	
12 按照規定時間自修功課三小時以上。	
13 按照規定時間閱讀課外書籍半小時以上。	
14 功課都有準備。	
15 未受師長責斥	
16 不污損學校地板牆壁場所及任何公物。	
17 不出穢語。	
18 說話絕對誠實	
19 沒有與同學發生意見或口角。	
20 不曾錯過服務機會。	
21 自信沒有對不住師長的行為。	
22 準時上課。	
23 準時赴會。	
24 與人約會準時踐約	
25 沒有無謂用款。	
統　計	

年　　月　　日

双十中学校学生逐日生活报告表

颓废，态度消极，但双十的学生，就绝对不能这样的！他对于自己，必须抱着崇高的理想、伟大的雄心，认为只要凭着他实际的学问，健康的身体，良好的道德、合作、服务的精神和耐劳刻苦的习惯，便可到处冲锋，走上了成功的途径。他对于国家，必须充分的信望，认为，只要我们做国民的团结起来，一致拥护政府做着有计划的准备和奋斗，那我们的国家便有复兴的希望，他对于社会，必须澈底的了解，认为历史的车轮是不断地向前发展着的。现在这个阶级不平的社会，终归是要消灭的，现在这种贫富悬殊的现象，到底是要变为历史上的陈迹的，所以，一个双十的学生，他的精神不是沉闷的，乃是快乐的，他的态度不是消极的，乃是积极的，只要他想干，就能干得通。

第三，心是热的，我们厌恶着颓废的份子，我们也厌恶着无聊的风凉话，我们要有热的心、沸的血。在理智分析之下，要是正当的事业，我们都要听挺身趋赴，艰苦地干！

第四，行止言笑是有理性的。这就是说，一个双十的学生，

学生训练标准图

无论是在什么时候，做什么动作，都要利用着他感应敏捷的头脑，做一回迅速的考虑，或获得一次感觉的经验，来改进他第二次的行为，好像碰到关门、开窗，就必须想到，他要怎样的轻慢从事，才免得惊扰他人。上课时候，他又要怎样地肃静，才免得妨碍他人。甚么他应该发言，甚么时候他应该发笑，在在都要受着头脑的支配，都要讲究适合着环境的需求，这一行、一止、一言、一笑，是要够足惹人讨厌的，他就绝对不肯蠢笨地发作着，盲目地附和着。

第五，活动是互相鼓励的。本校对于学生的课外活动，每周有一种以上的规定，作为发启天才的机会，所以，各项活动，我们都要踊跃地参加，藉以发见自己的天才；倘使自己不能参加，也要从旁鼓励他人。好像我对网球，具有超人的技巧，你对于演讲，却有特殊的口才，那末，我们就要互相鼓励，使兴趣越加浓厚，把天才益发表露了出来。

以上五个条件，都是客观的顺应着这个新环境的要求而提供出来的；并且这些还算是最低的要求，因而不容我们减省的。所以我都应仔细考察一下，究竟我们已经具备着那几个条件了？究竟我还得改变适应来补充吗？凡能够这样的自觉自励着，才能够适应当前伟大的新环境，做一个现在的双十青年。

廿五年三月廿八日

附录二：

救国之音[1]

前全国青年协会学生部干事刘良模先生，莅临本校，对全体学生作提倡爱国歌咏运动。其后厦市各团体，假中山公园开民众歌咏大会，曾由本校六百余男女生领导习唱，今者，每于课余饭后，教室外，操场中，爱国歌声时起，令人悠然兴“洋洋盈耳”之感。余深望本校诸生，从此屏绝一切淫歌邪曲，放声高唱救国之音，因写此文以导之。

音乐之功用，昔贤多能道之。荀子称其“入人也深，化人也远”，朱子则谓“可以养人之性情，而荡涤其邪秽，消融其渣滓”。是故世界各国民族，其进化程度愈发达。觇国之文野，恒考其国中音乐进步如何为断。

中国为世界文明古邦，音乐发达之早，尽人而知。黄帝有云门，尧有大戚，舜有大韶，三代有大夏大濩大武 合称六乐，其时音乐，常概括音乐彩色歌咏舞蹈四项而言。声音养耳，彩色养目，歌咏养性情，舞蹈养血脉。是不但及藉音乐以锻炼聪明，涵养道义。且直以音乐为操练身体，达到健康的唯一法门。

周衰，孔丘早有“郑声淫”之叹，暨乎近代，“毛毛雨”的歌声，亦曾腾沸一时，戏剧院、跳舞场，只听见他们在唱道“You are in

1 原载《双十月刊》一九三七年第六期，作者黄其华。

my arms，darling”，所谓荡涤邪秽，消融渣滓的音乐效能，实丧堕无余，而昔人视为练身体养血脉工具，亦徒造成青年勾荡魂魄的刑场而已！

在这国难非常时期当中，你愿做“隔江犹唱后庭花”的商女吗？在这军国主义潮流澎湃当中，你愿在哼着那“妹妹我爱你”的歌曲吗？不，不，绝对的不！我们所要唱的是：“我为中国生，我为中国长，我为中国青年当自强！”我们所要唱的是：“中华男儿血，应当洒在边疆上！”我们更要拔直喉咙，唱那“手把着锄头锄野草啊”的《锄头歌》，和那“朝搬到夜，夜搬到朝”的《打哼歌》，去和一般劳动同胞相呼应，我们要屏息“靡靡淫声”，高唱“救国之音”！

附录三：

几位曾经的双十名师及可敬可爱的校友[1]

饱学硕儒贺仙舫

双十中学校歌的歌词作者姓贺。原名仲禹，字仙舫。生于一八九〇年，卒于一九四三年。清末民初福建惠安人。先后就读于惠安和厦门鼓浪屿教会学校，毕业后曾任英华书院、鼓浪屿女子师范学校国文教师。一九二二年出任《道南日报》总编辑，历十余年，同时兼任双十中学国文教员。为双十中学创作校歌歌词，其中“勤毅信诚”四字被双十中学创办人、首任校长马侨儒选定为双十中学校训。校歌、校训沿用至今已有百年，激励着代代双十人“努力为校争荣光”！

双十中学校歌歌词初看感觉平铺直叙，朴实无华，实则平中见奇，意味隽永，足见贺老夫子古文辞功底，其精华之处就在“勤毅信诚、敬业乐群”八字，其中“勤毅信诚”四字又是其来有自的点睛之笔，仅此四字就可见贺仙舫对于中国经典儒学精髓的理解。何谓勤，何谓毅，何谓信，何谓诚，都可以从《论语》等四书经典中找到现成答案。难怪马侨儒先生慧眼独具，选此四字作为校训。

贺仙舫是饱学硕儒，具有很深的古文辞造诣，在其家乡和厦门的文化教育界影响广大。一九二八年鼓浪屿成立华人议事会时，

1　许宗和整理

贺仙舫即当选为首届议员。时与当地名人林菽庄、黄仲训以及当时厦门大学校长林文庆多有来往。日寇占领鼓浪屿后，贺仙舫不愿为五斗米而折腰于日寇，即辞职赋闲，渐渐淡出厦门文化界。贺仙舫著有《绣铁庵联话》和《绣铁庵丛集》，二〇一七年九月由厦门大学出版社出版。

厦门中山公园原有琵琶洲、双棉小榭、抱翠山馆、音乐亭等优美景点，贺仙舫先生留下题撰的数副楹联。如：

题双棉小榭：

青葱抱榭棉双树，湛碧绕花水一湾。

题抱翠山馆：山翠滴前楹，旧地尚留仙馆迹；

瓶笙来隔院，轻烟细送玉泉香。

题琵琶洲：

山头瘦石支亭健，松外痴云伴鹤归。（其一）

一顷荻芦洲，试铁槛凭来，似曾杜若；

双笙杨柳曲，问铜琴拨罢，忆否浔阳。（其二）

极目感苍茫，看烟雨双清，水天一色；

凭栏来俯仰，问鹤云何处，松石当年。（其三）

题音乐亭：渺此一亭，每当裙屐联翩，流水调高，句赓白雪；

对兹佳节，正好笙歌妙曼，勾天乐难，响遏行云。

只看以上诸联，充满诗情画意，引人怀古幽思之遐想，令人触景生情，感慨万千。从中我们可以领略贺仙舫深厚的古文化功底。只可惜如今中山公园以上诸景点多已被毁，少有人知，可惜可叹！

“鲁迅学生”陈梦韶

陈梦韶，同安山后亭人。生于一九〇三年，卒于一九八四年。原名陈敦仁。九岁随父往南洋做舵工。十五岁小学毕业后就读于鼓浪屿寻源中学。一九二一年入厦门大学教育系，获教育学士学位。毕业后在厦门、龙溪、永安等地中学或师范任语文老师。一九四五年任厦门大学中文系副教授，从事语言学教学。主要著作有《绛洞花主》（剧本）、《阿Q正传》（剧本）、《鲁迅在厦门》。

陈梦韶是二三十年代双十中学的国文老师，是一位有着深厚国学根基的学者，还被称为“鲁迅先生在厦大的最后一个学生”。一九二六年九月至一九二七年一月，鲁迅在厦门大学中文系任教时，陈梦韶刚从厦大毕业到双十中学任教，但是他却到厦大完整地旁听了鲁迅讲授的“中国文学史”“中国小说史”。由此，陈先生与鲁迅彼此认识了，陈先生曾经于一九一七年把古典文学名著《红楼梦》改编为十五幕话剧《绛洞花主》，这是第一部改自文学名著《红楼梦》的话剧剧本。鲁迅听闻后说“须得一看”，看过后还为之写序言《绛洞花主小引》，为之介绍出版社，鼓励陈先生投稿。这以后，陈先生经鲁迅同意，还改编《阿Q正传》为六幕话剧，一九二八年由双十新剧团演出，陈先生亲任导演，在中山路中华电影院举行首场公演，造成轰动。这是《阿Q正传》小说的第一部话剧改编版；双十中学新剧团塑造的阿Q，是戏剧舞台上最早的阿Q形象。饰演阿Q的是吴剑秋；饰演吴妈的是陈梅绿（双十中学学生，后任马六甲华侨女校校长）；更值得一提的是，男扮女装饰演小尼姑的双十中学学生，就是后来成为中国音乐家协会主席的著名音乐家李焕之。

在《厦门私立双十中学十六周年纪念刊》的“现任教职员一览表”里，对于陈梦韶（陈敦仁）的介绍是：

祖籍：同安；履历：厦门大学教育学士，曾任同文中学高中国文教员，厦门美专美学教员；担任学科：国文（专任）。

在双十中学任教期间，陈先生还担任过学校“文学研究会”“新剧研究会”等学生社团的指导员，担任每次学生作文比赛的评判员，积极支持双十中学学生自治会的半月刊《炉炭》（刊名是我国著名教育家蔡元培题写的，一九三六年四月一日改为《双十月刊》）。我们翻阅所能找到的这些刊物，几乎每一期上都有陈先生的文章，有中国文字学讲稿《中国文字的意味》《说文告诉我们什么》《从中国文字考察古代事物》等；有关于民俗方言和语音变化的考究的《闽南俗语考》《国文教学上的发音问题》《大伯与唐补》《大伯与诸母》等；有关于孔子的研究《孔子的教育方法》《教师的风范》《孔子家世及其诞生》；还有关于学生的教育、训练、修养的《人生的黄金时节》《男女训育方法区别的研究》等；此外，还有陈先生用中国特有的古诗词语言形式翻译的外国诗歌，如《失望的歌》（英国女诗人Moira O Neill的哀情诗之一）、《译拜伦》（*When We Departed*）等。

品赏着陈先生的文章，不禁感慨当年能受教于陈先生的双十学子们是何等幸运啊！即使是后来在厦门大学听过陈先生教授的古代汉语课的中文系学生，也对陈先生留下深刻的印象，常常回忆起他讲课时每到兴致起来时手舞足蹈尽情发挥的情景。

听说鲁迅离开厦门大学前往广州时，婉谢了校方的送行宴，却很高兴地吃光了陈梦韶的一碗阳春面。

一九三六年十月十九日鲁迅在上海逝世，中共厦门工委秘密筹备组织追悼会。陈梦韶的学生赵家欣和马寒冰校友先后参加筹备工作。十一月二十九日上午，“厦门文化界追悼鲁迅先生大会”在厦门小走马路青年会举行，一千三百多人臂缠黑纱，挤满不很宽敞的小礼堂，场上挽联挽幛如林。双十中学军乐队奏响肃穆的哀乐，双十中学学生自治会敬献挽幛（该挽幛原件收藏于上海鲁迅纪念馆，我校校史馆收藏的为复制件）。当天出版的厦门《闽南文艺协会会报》（追悼鲁迅先生专号）刊登了赵家欣校友以“诸葛朱”笔名撰写的悼念诗文。市警察局密报省府，拟逮捕追悼会的组织者。所幸当时在省府任参议的郁达夫据理力争奔走疏通，才使得这批爱国青年免于遭难。

爱国将领林梦飞

《双十师生名录》（一九九九年版）的早期教师一栏里，列有林梦飞。

双十中学镇海校区有一栋“梦飞图书馆”，馆名是时任全国人大副委员长的方毅题写的。

枋湖校区有一栋“梦飞音乐厅”。

这两栋建筑都是“林梦飞教育基金会”资助兴建的，而这个基金会又是林梦飞的儿子林华国发起成立的。

林梦飞生于一九〇九年，卒于一九九四年。他有七个子女，有五个曾经先后就读于双十中学。林梦飞学生时期就积极参加爱国反帝运动，十七岁进入黄埔军校，走上从军救国的道路。一九二七年从黄埔军校第四期毕业，参加过北伐战争、抗日战争。在黄埔军校期间，他在共产党的影响下倾向进步；一九二七年回厦门，与党组织取得联系，被派到马巷洪厝村组织农民协会，开展农民运动；也曾于抗战胜利后卸下戎装短暂从商。一九四九年，他在中共华南局的秘密领导下，凭借国民党厦门警备司令部少将参谋长的身份，在国民党军队内部策动起义，多次营救中共领导干部、党员和党外进步人上。

新中国成立后，林梦飞创办厦门飞达照相纸工业社（公私合营后改名为厦门感光化学厂），投身新中国的建设。曾任福建省政协副主席、福建省黄埔军校同学会会长、民革福建省委员会主任委员。改革开放后被聘为厦门经济特区顾问、厦门经济特区建设发展公司副董事长兼副总经理，为改革开放做出重大贡献，一九八五年被授予“为四化服务先进个人”，二〇〇五年，获得中共中央、国务院、中央军委颁发的“中国人民抗日战争胜利六十周年纪念章”。

名誉校长何连玉

何连玉，一九〇六年生，祖籍湖南衡阳，美籍华人。一九三一年在厦门双十中学任教。一九三五年，离开厦门，曾先后在南京、重庆国民政府中央机关任主办会计等职。一九四五年，由重庆前往美国，在华盛顿政府财政部及其他机关任职。著有《联邦政府财务会计制度作业纲要》。先后担任联合国粮农组织总部总稽核、会计处长、粮农美洲分部财务组长。一九七一年，参与发起成立“华府中国统一促进会”。一九七七年，与著名华人以“促进美中邦交正常化委员会”名义发表致美国总统公开信，力促中美建交。同年成立全美华人协会。一九八四年，聘为厦门双十中学名誉校长。

何连玉在双十中学任教的是自然科，兼任学校训育主任。在第三十一期《炉炭》，我们看到何连玉以“培养生产知能”为主题的一次演讲稿。这一期《炉炭》是“生活指导专号”，出版于一九三四年五月。

医学名人李景昀

李景昀，美籍华人，一九二二年生，卒于一九八七年。李景昀出生于福建省安溪县湖头镇下东。世界医学界著名解剖学、神经系统学专家。

先在湖头读小学，接着在三十年代进入厦门双十中学，然后进入集美中学，从集美高中十四组毕业后考入厦门大学，后转广州岭南大学。一九三六年毕业，获理学士学位，留校任助教，继当讲师。

李景昫一生专攻医学，博览古今中外医学名著，善于研究，刻苦攻关，数十年如一日，有着渊博的医学理论和丰富的临床经验，把研究成果编写成医学论著。一九五四年，他在国内编著的《人类解剖学课本》被定为大学的课本；一九五七年，他在国外编著的《神经解剖学》被出版作为大学教材。这两本书皆成为全球的畅销书。

以后相继编著出版的医学及科学研究的英文版书籍有十四种。他发表有关神经解剖、脑血屏障、脑缺血、脑缺氧、脑水肿、脑震荡、脑瘤等科学论文九十多篇，分别刊载于各国著名刊物上。他被世界医学界公认为著名解剖学专家、神经系统专家，神经系统超微结构学权威。

李景昫在医学上取得重大成就，获得许多奖励和荣誉。在岭南大学就学期间，由于学业成绩优秀，获得岭南大学应届毕业奖。一九六一年至一九六三年，获得美国医学奖金。一九六三年至一九七三年，先后获十种科学研究奖金。一九七二年获得科学展览会一等奖和杰出教授金质奖章。一九六八年至一九七九年被选为法布罗市中国同学会会长。一九七二年至一九七六年被选为纽约法布罗国际事务理事会理事及顾问。一九七六年当选为该年度最佳教授。一九七八年至一九七九年被选为全美国最佳教授，获得金质奖牌。

李景昫在医学上做出的重大贡献，深受各国医学界的重视，医学界的许多协会都争取他加入其组织。他是美国解剖学会、美国细胞生物学会、美国电子显微镜学会、英国皇家医学会、加拿大解剖学家协会、美国神经病理学家协会、美国神经外科医生协会、美中医学会等九个学会的会员，他还受聘担任美国三大出版公司评审委员，香港大学校外考试委员会职务。

李景昀的事迹已被载入各种名人录。其中有一九六六年至一九七二年的《美国科学家》、一九六八年的《古今世界科学家名人录》、一九六五年至一九七六年的《东方名人录》、一九七〇年至一九七二年的《国际人物字典》、一九七〇年至一九七六年的《美国社会团体领袖》、一九七一年的《在美国的亚州名人录》、一九七三年的《国际学者字典》和《国际社会服务名人录》、一九七五年的《美国名人录》和《美国男女科学家（医学）》、一九七五年的《科学成就名人录》、一九七八年的《国际知识分子名人录》等，成为世界医学界著名的人物。

在双十中学读书时，李景昀经常在《双十月刊》上发表习作。我们看到他的习作有诗歌、小品、独幕剧、游记等体裁，足见李景昀学生时代生活的丰富多彩以及文艺创作的热情，从中也可见李景昀的多才多艺。

厦大名师韩国磐、郑朝宗、周辨明……

双十中学在其发展的过程中，与厦门大学的互动是很频密的，尤其在教育教学方面得到厦门大学极大的支持帮助。我们看《炉炭》《双十月刊》，总会看到几乎每期都报道厦门大学某某教授于某月某日来双十做演讲、做学术报告以及聘任厦门大学某教授兼任某学科教学的“校讯”。比如《炉炭》第三十四期（一九三六年一月十七日出版）的“要闻一束”栏，登载这么一条消息：（一九三五年）十一月十八日，厦门大学文学院院长周辨明博士到校教授发音（至二十二时结束，全校员生均赴听讲）。周教授还曾为双十师生做“汉字索引制”报告。尤其是抗战胜利后，双十中学从平和“复员”回到厦门，厦门大学一大批教授如陈国珍（著名化学家，中国原子弹、氢弹、核潜艇等尖端技术研究的参与者）、郑朝宗（厦门大学中文系主任，执掌厦大中文系半个世纪之久，学者型作家，“钱锺书研究”的首倡者）、韩国磐（史学大师，当代中国魏晋隋唐史学科和中国经济史学科的奠基人之一）等等，都曾先后到双十中学授课，帮助双十中学的劫后重生。

由于有厦门大学的鼎力支持，双十中学的教育教学质量才能保持经久不衰。以一九四八年复员后第一届高中毕业生共六十二人参加当年全国大学入学考试为例，录取四十八人，占比八成，多数考入名牌大学。其中报考厦门大学的录取率为六成五，又且当年厦大十七个系的新生中，有九个系的第一名为双十学子。

军旅作家马寒冰

我们新疆好地方，天山南北好牧场，
戈壁沙滩变良田，冰雪融化灌农庄……

优美的旋律总是令人难忘！一首《新疆好》传唱至今，经久不衰。这首歌曲的作者，就是我们的双十校友、军旅作家马寒冰。

马寒冰原名马国良，祖籍海澄县霞阳村（即今海沧霞阳）。

马寒冰生于一九一六年，卒于一九五七年。马寒冰出生于缅甸，一九二八年回国居住于鼓浪屿，二十世纪三十年代就读于双十中学。我们在双十中学学生自治会会刊《双十月刊》创刊号以及第二期上（时间为一九三六年四五月），发现马寒冰校友的作品《榕游杂记》《南国弦音》，可见在校时的马寒冰爱好文艺创作之一斑。一九三六年马寒冰就在鼓浪屿发起组织了“天竹文艺社”，主编《天竹月刊》，他还主编厦门《华侨日报》的《天竹》文艺副刊。这本月刊，很快成为当时影响较大的一本抗日文化刊物。当时还名叫“许铁如”的彭冲，还曾是他家中的常客。当年十一月，鲁迅先生逝世，马寒冰组织了声势浩大的“厦门文化界追悼鲁迅大会”，大会通过的“致鲁迅家属的唁电”由他起稿，甚至通过了将“大学路”改为“鲁迅路”的决议。同年十二月，马寒冰接待了从日本经台湾抵达厦门的郁达夫，陪郁达夫游览鼓浪屿，一路长谈，也成为厦门文坛的一段佳话。

一九三七年抗战全面爆发前赴缅甸，马寒冰先后担任《仰光日报》编辑，《兴商日报》总编辑，后来担任“缅甸华侨文艺界救国后援会”的宣传工作。一九三八年回国进入延安陕北公学学习，加入中国共产党，参加八路军文艺工作队。由于他会英语，就被调到军委卫生部，随同印度援华医疗队巡回于太行、晋察冀、晋西北等抗日根据地。抗战胜利后，先后调任军调部和三五九旅，随部队南征北 战，历任王震部队的后勤部长、宣传部长。部队进军新疆后，担任新疆军区文化部长兼中共新疆分局秘书长。中华人民共和国成立后，任职中国人民解放军总政文化部文艺处，主编《解放军战士》半月刊。

一九五〇年，马寒冰随毛主席、周总理到莫斯科，参加中苏联合开发新疆石油、有色金属的谈判，他不辱使命，工作完成得十分出色。一九五一年，他到伊犁地区搞土地改革，任大队长。

除了《新疆好》这首脍炙人口的好歌，马寒冰还创作有另一首著名的独唱歌曲《我骑着马儿过草原》："我骑着马儿过草原，清清的河水蓝蓝的天，牛羊肥壮驼铃响，远处的工厂冒青烟……"这首诞生于二十世纪五十年代的歌曲，是新中国成立以来，被广为传唱的一首经典民歌。

新闻战士郑炳中、赵家欣

一九三六年五月一日出版的《双十月刊》第二期，登载了一条消息，说的是四月二十九日当时的福建省教育厅厅长郑贞文与督学王书贤到厦门大学出席校董会，来到双十中学视察。期间谈到"闽南职业学校，素称缺乏，今中央极力提倡技能教育，倘本校能应时筹办职业科，则能收效更大……"接着在《双十月刊》第三期（八月三十日出版）的"校闻"栏，有"增办高级职业科——报名者极形踊跃"。消息中说到，郑厅长王督学视察后，认为双十中学"精神焕发，设备完善。因新办之高中普通科，教育部极为限制，故令本校增办高级职业科，以符提倡生产教育本旨。黄校长已商请校董会同意，决定除原有高中普通科续办外，并增办高级商科及新闻科"。紧接着在《双十月刊》第四期（一九三六年十月三十日出版）的“校闻”栏里，就有一条消息称“新闻科同学组新闻学会”，“星光报社长胡资周、总编辑罗忒士，及本校黄（其华）校长、庄克昌诸位先生均莅场指导”云云。

双十中学的新闻科是与当时厦门《星光日报》合作的，报社的胡资周社长兼任新闻科主任，总编辑罗忒士和市版主任编辑黄绿萍兼任新闻科教师。新闻科的学员马寒冰、郑炳中、赵家欣、陈火甲等后来都成为国内新闻界知名的人物。

郑炳中笔名耿庸，祖籍台湾澎湖，生于一九二一年，卒于二〇〇八年。在读双十中学的时候就以丁琛、鸣角等笔名在《星光日报》《江声报》等报纸副刊上发表杂文、小说等。在《中国作家自述》一书中，有他的《半生自述》，里面写道：“出生在书香门第，幼小母亲即予启蒙，上学读课本总共不足二十个学期，同期间阅读了约莫十分之一的家藏万卷书刊。十三四岁时受到已在发表小说和剧本的姐姐的影响，居然也写诗写散文写小说起来，居然也上了报。十六岁那年不上学了，由于特爱鲁迅先生的作品，开始写杂文。”

解放前，郑炳中历任《战时文艺》《刺笔》《闽北日报》《青年日报》《大成报》《新中华月刊》《公论报》编辑。解放后曾任《新商晚报》副总编、《展望》周刊编辑部主任、震旦大学中文系教授、新文艺出版社编审、上海辞书出版社编审、上海科技大学人文学系教师、上海市文史研究馆馆员。解放后从二十世纪五十年代起曾蒙冤入狱达十一年。

郑炳中校友是文学理论家、杂文家。民盟盟员、第六届全国政协委员。主要著作有论著《〈阿Q正传〉研究》（一九五二年）、《文学对话》(与何满子合著)(一九八三年)、杂文集《回收》(一九八五年)、《逢时笔记》(一九九八年)、回忆文集《未完的人生大杂文》(一九九六年)、评论及回忆文集《文学:理想与遗憾》(二〇〇四年)等。

赵家欣。生于一九一六年,卒于二〇一四年。祖籍福建厦门。赵家欣是福建省新闻界、文艺界的老前辈,资深报人、著名作家。在双十中学新闻科毕业后,历任《星光日报》记者、香港《星岛日报》特派记者、江西上饶《前线通讯社》编辑主任、福建永安《现代青年》月刊主编、福建省政府编译室编辑、《福建时报》社长及总编辑、《新闽日报》总编辑。一九三七年被选为厦门文化界救亡协会执委,参加抗日救亡活动。一九三八年厦门沦陷,他活跃于东南前线,参加泉州中华民族解放先锋队,奔赴最前线,在战火中报道抗战新闻。二〇〇五年荣获中共中央、国务院、中央军委颁发的"中国人民抗日战争胜利六十周年纪念章"。

一九三八年,受《星光日报》派遣,赵家欣前往抗日前线,采写日军侵华暴行及中国军民奋勇抗战事迹的新闻。这一年三月,台儿庄战役爆发,年仅二十三岁的赵家欣奔赴台儿庄,出没在硝烟弥漫的战壕里,埋头在小旅店昏黄油灯下,写下《台儿庄血战记》《陇海线上》《血火中的旅行》等战地通讯,记录下前方将士用鲜血和生命英勇抗敌的可歌可泣的事迹。

据赵家欣先生回忆,其长篇通讯《台儿庄血战记》曾在一九三八年四月初寄给厦门《星光日报》,此后他南归经香港抵达厦门时,厦门已经被日寇侵占。赵家欣也没见到登载这篇通讯的报纸。故而心里挂念,不知当年这篇通讯到底有没有寄达厦门与读者见面。直到六十九年后的二〇〇七年，福建石狮市《石狮日报》记者发现民间保存的一张一九三八年四月十八日厦门《星光日报》上刊登着连载的《台儿庄血战记（二）——血战半月》，且署名“作者：本报特派战地记者赵家欣”，文末写“未完”。这个消息令赵家欣极为欣慰，毕竟“虽未窥全貌，却慰我几十年来的挂念。这篇战地通讯，毕竟在敌军攻占厦门前抵达，而且在报上刊登了。”

在赵家欣漫长的职业生涯中，创造了我省新闻界多个“唯一”：唯一到抗日前线（台儿庄）采访过的战地记者；唯一在武汉参加过中华全国文艺界抗敌协会（中国作协前身）和中国青年记者协会（中国记协前身）两个成立大会的记者兼作家；全国最早、福建省唯一出版抗敌通讯特写集的作家；唯一同时获得中国记协所颁“老新闻工作者荣誉证书”和中国作协所颁“抗战时期老作家铜匾”两项殊荣的老记者、老作家。

以笔为枪，奋斗一辈子的赵家欣校友，在逝世的两年之前就明确表明：“待人生大幕落下，就将自己、爱人和英年早逝的儿子的骨灰一起洒入大海。”在他的著述《永久的思念》中写道：“投放鹭江，流向大海，同归自然，不占寸土，不留痕迹。”二〇一五年四月二日，赵家欣的女儿裘佩完成父亲这个心愿，把父亲、母亲、兄长的骨灰撒入故乡的大海……

爱国侨领庄炎林

庄炎林是庄希泉的儿子。父子俩都曾经是著名的爱国侨领。二十世纪三十年代就读于厦门双十中学，后随父亲往广西，一九三八年参加抗日学生军，一九四〇年加入中国共产党，参加党领导下的抗日工作，曾荣获“中国人民抗日战争胜利七十周年纪念章”。建国后长期从事侨务工作，曾任对外经济联络部办公厅主任，国务院侨务办公室顾问，全国侨联主席等职。

作为曾经的双十学子，庄炎林一向十分关心和支持母校双十中学的发展，一九八七年被聘为双十中学校友总会的名誉会长。

庄炎林还是一位体育运动爱好者，他坚持游泳、跑步、登山、自行车骑行……各项运动，有些已经坚持了七八十年了。“铁人三项马拉松”这项赛事就是一九八七年庄炎林引进国内的，他还以六十六岁的高龄带头报名，是当年年龄最大的参赛者，并且用不到十三小时就完成两公里游泳、八十公里自行车、四十二公里马拉松长跑的全部赛程，比一些年轻人还快，获得“中华第一老铁人”荣誉奖杯。一九八八年，广东省举行横渡琼州海峡活动，六十七岁的庄炎林以十三小时十分钟、中途不休息不进食的记录完成横渡，创造了奇迹。这项横渡赛事又是庄炎林倡议的。几十年来，长江、黄河、青海湖、羊卓雍湖、新疆天池……他都游过，八十七岁时，还在澳大利亚大堡礁潜水，打破当地外国人潜水最高年龄七十五岁的记录。

二〇〇八年，庄炎林代表海内外侨胞担任北京奥运会火炬传递厦门站的火炬手。

“第一”烈士吴学诚

我们双十中学校友吴学诚，是在抗战胜利后、解放战争时期的一九四七年牺牲的第一个厦门中共党员烈士。

吴学诚的一生虽然短暂，却走过了一段漫长的革命道路，为党做了许多有益的工作。他敢于在敌人的刀丛中搏击，是一位机智英勇的无产阶级战士。

吴学诚生于一九一六年十一月三日，卒于一九四七年。原籍晋江溜石村。一九三八年以前，在厦门双十中学初中毕业后，由亲戚介绍到东沙群岛海关灯塔工作。

卢沟桥事变后，吴学诚毅然放弃灯塔安稳的工作，告别朝夕相处的工友们回到厦门，参加厦门抗敌后援会宣传工作团。不久便由厦门中共党组织领导人洪学礼介绍加入中国共产党。一九三八年五月十三日厦门沦陷后，他和部分宣传工作团团员撤往香港，同随后来到香港的洪学礼保持联系，在洪学礼的鼓励下，考进中国青年新闻记者学会香港分会主办的中国新闻学院。一九三九年九月，新闻学院从首届毕业生中选出包括吴学诚在内的八名学员，组成粤北战地记者组，前往翁源国民党第十二集团军总部从事战地新闻采访活动。一九四〇年六月，吴学诚离开粤北到缅甸，在缅甸仰光中学任教，积极参加当地抗日救亡运动。一九四一年十二月七日，日本偷袭珍珠港事件发生，十二月八日，美国对日本宣战，太平洋战争开始。十一月二十三日和二十五日，日机连续轰炸缅甸首都仰光。吴学诚到缅甸故都曼德勒（华侨称“瓦城”）参加中国共产党领导的缅甸华侨战时工作队（简称“战工队”），在缅北、缅中一带从事抗日宣传活动。由于时局恶化，组织上决定派吴学诚率领一部分队员先回到昆明，为战工队大队人马的撤回做好安排。他出色地完成任务。

一九四五年抗日故争胜利后，经组织安排，吴学诚携夫人胡冰重返厦门，以国民党《中央日报》副刊编辑身份做掩护，开展地下工作。

抗日战争胜利后，中共泉州中心县委派许集美、郑种植、施能鹤三位同志到厦门开展工作，以恢复党在厦门的组织活动。许集美在厦门励志里妙法林寺与吴学诚、胡冰会面。妙法林寺是个斋堂，是胡冰的家，地方较为偏僻清静，除了善男信女到这个斋堂烧香拜佛外，平时很少人到这里来。更重要的是这个斋堂群众基础好，抗日初期曾经是党的活动据点。许集美决定把妙法林作为党组织领导机关的所在地。吴学诚的家在厦门旗杆巷一号，也是地下党组织一个秘密活动地点。吴学诚满腔热情地为党工作，他先后介绍洪国琮、叶天标、陈尊法等人与党联系，邀请《星光日报》主笔郭荫棠向进步青年做时局演讲。他还把灯塔工人林天生介绍与许集美认识，通过林天生办起了码头工人夜校。吴学诚还介绍家在郊区的战工队队友林鸿珠给施能鹤、郑秀宝，便于他们能以小学教员身份为掩护，在禾山寨上村开展革命活动。

吴学诚还从《中央日报》副刊投稿中发现进步作者，把厦大进步学生吕荣春、吴仕潭、胡公善等介绍给党组织领导人郑种植等加以培养，为后来厦大党组织的重建奠定了基础。后来因为吴学诚的牺牲，组织重建工作一度中断。吴学诚牺牲后，一九四八至一九四九年，党组织派工委叶绍书同志找到吕荣春同志接头，组建了中共厦门大学（闽中）地下党总支，由吕荣春任总支书记。

这也是吴学诚为党组织做出的贡献。

由于叛徒出卖，一九四六年十一月某个夜晚，警察突然冲击旗杆巷一号吴学诚家，正好中共泉州中心县委书记许集美等人在这里开紧急会议研究工作。情况危急，吴学诚机智地以《中央日报》社编辑的身份吓阻那些警察，化解了一场危机。一九四七年二月五日，叛徒又一次到吴学诚家探风，结果一无所获。六日，又一拨便衣特务来到吴学诚家搜查、讯问，要抓捕地下党领导人郑种植等人，吴学诚特意把特务引到报社，故意大声抗议特务搜查“中央日报编辑”的家，做大声势，目的是让寄宿在报社的地下党员洪国琮获知情况及时向党组织报警。党组织指示吴学诚及时撤离厦门，但为了保护同志，吴学诚不走。二月七日，吴学诚被捕，国民党厦门市党部特务专员审了一整天，要吴学诚出卖党组织和进步人士，吴学诚始终回答“不知道”，跟粗暴的特务扭打撕扯怒骂。在关押期间，吴学诚托人带话给组织，说党内出了叛徒，同志们暂不要到我家，请组织对我放心。不久，吴学诚被秘密杀害。

我们的校友吴学诚，成了解放战争期间厦门市第一位为革命事业英勇牺牲的共产党员！

后记：中共厦门市委“不忘初心、牢记使命”主题教育领导小组办公室、中共厦门市委党史和地方志研究室编：《不忘初心、牢记使命——厦门红色记忆》。厦门市委党史和地方志研究室2019年印行。根据该书有关内容采录吴学诚校友事迹）

后 记

那是特殊的年代，孕育特殊的不凡人物，留下特殊的珍奇记忆，这一切，对我们来说、对学校的历史而言，无疑有特殊的意义，无疑是不可替代的，也是不可逆的。怀着敬仰和感恩，近一年的时间，我们凝神回眸、静心思索，拾掇着双十母校的屐痕。

近一年里，九十高龄的林嘉禾校友以他独有的经历为我们还原母校历史上鲜为人知的事件和人物，这是老校友——几经磨难的老革命者为百年校庆捧托出的真心。林嘉禾校友常告诉我们，对母校，对百年校庆情要真、心要专、事要做。他以他的口述，他以他走过的路，不止息地践行他的诺言。

近一年里，我们在默默感悟：林嘉禾老校友口述校史承载的绝不是过往云烟，那映射了母校创立之艰，办学之苦、育才之欣慰，更饱含老双十人的爱国情切、爱校情深！

近一年里，我们的整理工作得到多方面的鼓励和支持，厦门大学图书馆贡献了特藏的双十中学史料，提供了校史人物的旧照资料，这使口述的陈述更为丰富。本书的出版得到双十中学七五届校友庄陧博士的鼎力支持！

这一艰巨工作即将完成，将再次聚合校友们对母校的真诚爱恋和隽永共识。

—— 爱国，百年母校唱响的主旋律；

—— 爱国，是百年母校不变的基因；

—— 爱国，是百年母校永恒的底色。

编写组

二〇一九年八月

继往开来